EDUCAÇÃO E LIBERDADE
KANT E FICHTE

FUNDAÇÃO EDITORA DA UNESP

Presidente do Conselho Curador
Herman Jacobus Cornelis Voorwald

Diretor-Presidente
José Castilho Marques Neto

Editor-Executivo
Jézio Hernani Bomfim Gutierre

Conselho Editorial Acadêmico
Alberto Tsuyoshi Ikeda
Áureo Busetto
Célia Aparecida Ferreira Tolentino
Eda Maria Góes
Elisabete Maniglia
Elisabeth Criscuolo Urbinati
Ildeberto Muniz de Almeida
Maria de Lourdes Ortiz Gandini Baldan
Nilson Ghirardello
Vicente Pleitez

Editores-Assistentes
Anderson Nobara
Fabiana Mioto
Jorge Pereira Filho

LUC VINCENTI

EDUCAÇÃO E LIBERDADE
KANT E FICHTE

TRADUÇÃO
ÉLCIO FERNANDES

Fundação para o
Desenvolvimento
da UNESP

Copyright © 1992 by Presses Universitaires de France
Título original em francês: *Éducation et Liberté. Kant et Fichte*

Copyright © 1994 da tradução brasileira:

Editora Unesp da Fundação para o Desenvolvimento
da Universidade Estadual Paulista (Fundunesp)

Praça da Sé, 108
01001-900 – São Paulo – SP
Tel.: (0xx11) 3242-7171
Fax: (0xx11) 3242-7172
www.editoraunesp.com.br
www.livrariaunesp.com.br
feu@editora.unesp.br

Dados Internacionais de Catalogação na Publicação (CIP)
(Câmara Brasileira do Livro, SP, Brasil)

Vincenti, Luc
    Educação e liberdade: Kant e Fichte/ Luc Vincenti;
tradução de Élcio Fernandes. – São Paulo:
Editora da Universidade Estadual Paulista, 1994.
(Encyclopaideia)

    Bibliografia
    ISBN 85-7139-056-8

    1. Educação – Filosofia 2. Fichte, Johamm Gottlieb,
1762-1814 – Crítica e interpretação 3. Kant, Immanuel,
1724-1804 – Crítica e interpretação 4. Liberdade
I. Título. II. Título: Kant e Fichte. III. Série

94-0941   CDD-370.115

Índice para catálogo sistemático:
1. Educação e liberdade   370.115

SUMÁRIO

Introdução,   *7*

    Uma filosofia nova,   *7*

    O espírito das Luzes,   *11*

    Uma nova pedagogia,   *15*

Educação e adestramento,   *19*

    A vontade e o arbítrio,   *19*

    A fundação de um caráter,   *27*

    Educação cívica, educação moral,   *35*

Um plano de educação,   *43*

    A cultura,   *43*

    Coerência da classificação kantiana,   *53*

    A visão de conjunto de Fichte,   *63*

6 LUC VINCENTI

Educação e natureza humana, *71*

  Retomada da tradição filosófica, *71*

  A leitura kantiana, *78*

  A concepção fichteana, *83*

Introdução ao segundo *Discurso à nação alemã*, *95*

Tradução do segundo *Discurso à nação alemã*, *101*

Bibliografia, *117*

INTRODUÇÃO

UMA FILOSOFIA NOVA

Já se tornou tradição caracterizar a filosofia moderna como uma filosofia do sujeito. A afirmação do homem como sujeito delimita efetivamente uma nova era filosófica; porém, o que se quer dizer com isso? Para começar, lembremos que definir o homem como sujeito não significa de forma alguma que nos iremos apoiar na individualidade de cada um para definir a humanidade. Muito pelo contrário, o próprio fato de querer definir o homem em geral exige que se procure as qualidades da humanidade para além das singularidades que diferenciam e definem cada indivíduo. O conceito de pessoa, utilizado para designar um membro qualquer da humanidade, permite que não se confunda o sujeito com o indivíduo. Então, se minha individualidade não é suficiente para fazer de mim uma pessoa, o que, através dessa qualidade de sujeito, define o homem? A etimologia latina poderia induzir-nos a erro; de fato, se o *sub-jectum* – enquanto, por exemplo, sujeito de um monarca – é aquele que está "sub-metido", a acepção filosófica adota o contrapé dessa significação e se justifica acentuando não uma submissão, uma dependência ou uma passividade do "sujeito", mas uma atividade no fato – para quem é um *sub-jectum* – de

8 *LUC VINCENTI*

sustentar. Essa é a atividade própria do sujeito filosófico, atividade que define e constitui o sujeito que, para sê-lo, deve reconhecer-se nela. Para completar a explicitação filosófica do conceito de sujeito, precisamos agora ir em frente no meandro da etimologia latina, acrescentando um pronome reflexivo ao ato de sustentar. O sujeito torna-se, então, aquele que se sustenta ele mesmo na existência. Existir como sujeito significa, assim, que não preciso referir-me a um outro ser, a uma outra existência para definir-me, para compreender-me, para justificar o que eu sou. Aquilo que, em mim, não depende de mim não é verdadeiramente eu mesmo. As características singulares de minha individualidade não serão suficientes para definir-me como humano enquanto eu não me tiver apropriado dessas determinações através de minha atividade de sujeito. Essa atividade pressupõe que eu me utilize de tais determinações, por mim mesmo e para mim mesmo, ou seja, livremente. Nesse ponto, percebe-se que a liberdade é uma qualidade essencial do sujeito filosófico. É através dessa liberdade que o sujeito afirma-se totalmente independente; é graças à sua liberdade que o sujeito é consequente fundamento de sua existência. O sujeito deve colocar-se ele mesmo como sujeito. A liberdade, na existência do sujeito, e a autoposição, na essência do sujeito, apoiam-se mutuamente. Porque sou livre, coloco-me como sujeito. Porque sou sujeito, sou fundamento de minha própria existência e, uma vez que totalmente independente, sou livre. "Esse, cuja essência consiste simplesmente no fato de colocar-se ele mesmo como existente, é o Eu como sujeito absoluto", Fichte irá escrever no parágrafo primeiro dos "Princípios fundamentais da Doutrina da ciência".[1]

Seria preciso, então, que situássemos a origem da filosofia moderna em uma filosofia que colocasse o homem como fundamento de sua existência. Com esse objetivo, não podemos de imediato fazer referência a Descartes. Se bem que o *cogito* seja frequentemente apresentado como a primeira figura do sujeito, não podemos atribuir-lhe inteiramente o estatuto de fundamento.

---

1. Fichte, *Oeuvres choisies de philosophie première*, 1980a, p. 21. (Os títulos das obras de Kant e Fichte, por serem correntes, são referidos no texto em português. Nas notas de rodapé, concernem às edições usadas pelo autor, que estão arroladas no fim do volume. N. E.)

A irrupção do *cogito* na segunda das *Meditações metafísicas*, colocando a dúvida em xeque, fixa a primeira certeza. Nesse aspecto, o *cogito* é, antes, fundamento de meu saber. Porém, não é diretamente fundamento de meu ser enquanto substância pensante. Será preciso aguardar a terceira das *Meditações* e a demonstração da existência de um Deus "veraz", de um Deus que não me engana, para afirmar a existência permanente do sujeito pensante, do Eu substância que poderia, contudo, a qualquer momento, ser reduzido a nada por Deus. Desse ponto de vista, o estatuto de fundamento do *cogito* surge deportado em Deus; o "eu penso" cartesiano não é inteiramente sujeito. O aparecimento de uma filosofia do sujeito requer que o sujeito seja, por si só, fundamento; precisaríamos então poder inscrever Deus no próprio âmago do saber e da razão do sujeito pensante. É por isso que tal aparecimento não pertence ao século de Descartes, mas ao de Kant, com o surgimento do sujeito moral. Na filosofia kantiana, a demonstração da existência de Deus opera-se por um deslocamento do campo fundador. Não é mais a partir do saber, da razão teórica, que iremos demonstrar a existência de Deus. É a "razão prática" – razão construída com base na e através da presença da lei moral em nós – que doravante se incumbe dessa tarefa. Ora, deslocada para um "postulado da razão prática", a prova da existência de Deus não se apresenta mais como dedução teórica, mas antes como inscrição de Deus no próprio âmago do sujeito moral. Um postulado não é efetivamente senão uma hipótese necessária, hipótese cuja necessidade é aqui decorrente da exigência de realização da injunção moral. A existência de Deus surge então como secundária em relação ao que constitui a razão prática, a presença da lei moral em nós. Nesse sentido, a *Crítica da razão pura*, antes da *Crítica da razão prática*, atribuía à existência de Deus o estatuto de uma "adição prática".[2] Logo, de certa forma, sou eu mesmo, enquanto sujeito moral, quem coloca a existência de Deus. Nesse ponto, é importante assinalar que a existência de Deus, deduzida da lei moral, nessa perspectiva, depende de minha liberdade, sem a qual a exigência de se cumprir o dever não teria significação alguma. Nem por isso

---

2. Kant, *Critique de la raison pure*, 1950, p. 424.

10   LUC VINCENTI

seria preciso depreender que, opondo desse modo Kant a Descartes, estejamos confrontando duas formas distintas de sujeito, um sujeito moral e um sujeito do saber. Se o sujeito deve ser totalmente fundamento de todas as suas determinações, não deve ser tão somente fundamento de uma esfera particular de sua atividade. Propor que se veja no sujeito kantiano a primeira real filosofia do sujeito impõe, então, que se veja igualmente no sujeito moral o fundamento do saber. Ora, existe na filosofia kantiana uma síntese dos campos teórico e prático, que se opera afirmando o primado da filosofia prática, única capaz de resolver os problemas fundamentais da filosofia teórica, principalmente em relação à liberdade ou à existência de Deus. O sujeito moral é então sujeito integral, por si só sujeito da ação e do conhecimento, simultaneamente.

Logo, é a Kant que devemos remontar para situar o surgimento de uma responsabilidade plena e total do sujeito, não unicamente diante do conhecimento, mas também diante do mundo. Tudo o que o sujeito é, tudo o que o constitui e tudo o que ele faz depende do próprio sujeito. O fenômeno da imputação dos atos será, por outro lado, o primeiro índice empírico da responsabilidade total do sujeito.[3] Ao definir a essência humana pela liberdade e pela razão prática, Kant eleva a noção de responsabilidade ao mais alto grau: doravante, a natureza humana está em nossas mãos. Não é mais possível considerar-se uma natureza humana que receberíamos como dada; como escreve Kant, opondo-se às afirmações dos políticos, "É preciso, dizem, aceitar os homens como são ... Em vez de 'como são', deveriam antes dizer 'o que fizemos deles'...".[4] O período no qual se inscrevem as filosofias de Kant e de Fichte inicia-se com a clara consciência de que a natureza humana está por fazer, por formar e, logo, por transformar, do mesmo modo que se inicia com a certeza de que tal transformação é incumbência total do próprio homem; "no referente às questões e condições humanas propriamente ditas, excluindo-se qualquer força exterior, é o homem o autor e o criador".[5] Nesse aspecto, nossos filósofos

---

3. Cf. Kant, op. cit, 1950, p. 405-7.
4. Kant, *Le conflit des facultés*, 1973, p. 94-5.
5. Fichte, décimo quarto *Discours à la nation allemande*, 1981a, p. 266.

não estavam desprovidos de predecessores. A Introdução às *Considerações sobre a Revolução Francesa* indica-nos o ponto de origem dessa instituição do homem responsável. Foi ao autor do *Emílio ou sobre a educação* que Fichte recorreu quando percebeu em Rousseau o homem mediante o qual o "espírito humano avaliou-se ele mesmo". Foi em consequência do Prefácio de *Emílio*, onde Rousseau escreveu "Pais e mães, o que é factível é o que vós vos quereis fazer",[6] que Fichte, por sua vez, pôde escrever: "O homem pode aquilo que deve, e quando ele diz não posso, é porque não quer".[7] Logo, é no âmago de uma filosofia da educação que pode enraizar-se essa instituição do sujeito, criação do homem por ele mesmo, formação, transformação da natureza humana. A educação afirma-se como o lugar desse nascimento do homem, nascimento pelo qual só o homem pode ser considerado responsável. O mesmo tema será reencontrado mais tarde na obra de Fichte, momento em que atribuirá à educação, no primeiro dos *Discursos*, a tarefa de formar "alguma coisa no homem", mas "o homem ele mesmo".[8] Logo, o encontro da educação com as filosofias de Kant e de Fichte não é acidental. Ele confirma a afirmação progressiva de uma filosofia do sujeito que, enquanto tal, deve assumir a responsabilidade pela construção da natureza humana. Assim, é preciso prestar grande atenção na injunção de Fichte que torna o sábio o "educador do gênero humano".[9] Uma vez que o filósofo não deve somente propiciar a compreensão teórica da comunidade humana, mas deve igualmente encaminhar essa comunidade em direção a um aperfeiçoamento, fica claro que Fichte determina nesse ponto uma tarefa essencial da filosofia.

O ESPÍRITO DAS LUZES

Certamente, Fichte não é o primeiro a colocar a necessidade de uma "educação do gênero humano" – essa expressão, título da

---

6. Rousseau, "Emile ou de l'éducation", 1969, p. 243.
7. Fichte, *Considérations sur la Révolution française*, 1974, p. 104.
8. Fichte, op. cit, 1981a, p. 72.
9. Fichte, quarta das *Conférences sur la destination du savant*, 1980, p. 76.

12   LUC VINCENTI

obra de Lessing, publicada em 1780, é bastante conhecida pelo público alemão. Além do mais, como o esclarece Xavier Léon, em *Fichte e seu tempo*,[10] Fichte irá receber bem cedo, desde seus anos no colégio de Pforta, a influência de Lessing. É principalmente a Lessing que Fichte deve a orientação original de sua retomada da tradição das Luzes. Ao recusar submissão aos dogmas e à autoridade eclesiásticos, Lessing não se desvencilhava suficientemente de uma reflexão estritamente empirista e materialista que reduzia a nada a religião. Essa situação muito instável não ocorre sem anunciar a acusação de ateísmo que irá marcar o declínio universitário de Fichte. Assim, Fichte herda essa reflexão que consiste na "demonstração do sentido pelo qual a razão pode explicar a fé, mas não mais do mesmo modo que os teólogos do *Aufklärung*, destruindo-a, esvaziando-a de seu conteúdo próprio".[11] A parcial desconfiança de Fichte para com a *Aufklärung* toma sua origem na rejeição de um materialismo primário cuja condenação continuará até o primeiro dos *Discursos à nação alemã*: "Foram as luzes do discernimento sensual e calculador que romperam o liame entre a vida presente e a vida futura criada pela religião".[12] Precisamos entender as razões dessa rejeição para não atribuir a Fichte um conservadorismo estranho a toda sua filosofia. O materialismo é, em sua época, considerado como um "realismo dogmático", ou seja, como uma doutrina que coloca todo fundamento nas coisas. Se tudo que nos acontece tem seu fundamento fora de nós, o dogmatismo tem como consequência necessária a negação da liberdade. É isso que não se pode admitir no idealismo de Fichte. Então, o que justifica a condenação do materialismo das Luzes não é, de modo algum, um espírito de reação ou um conservadorismo característicos dos defensores "do trono e do altar"; pelo contrário, trata-se de, ao desenvolver-se o racionalismo, preparar o surgimento da liberdade. Em um sentido paradoxalmente vizinho, Engels irá criticar, em seu *Ludwig Feuerbach e o fim da filosofia clássica alemã*, o materialismo do século XVIII, acusando-o de ser

---

10. Xavier Léon, *Fichte et son temps*, t. I, 1954, p. 38-48.
11. Idem, ibid., p. 102.
12. P. 69, tradução retificada.

EDUCAÇÃO E LIBERDADE 13

exclusivamente mecanicista e de não propiciar o engajamento de uma transformação histórica da natureza.

Fichte não rejeita então o espírito renovador da *Aufklärung*. Ele segue de muito perto, em sua retomada das Luzes, a interpretação de Kant; testemunho disso é a proximidade entre a divisa kantiana – *sapere aude*: ouse saber – e a afirmação de Fichte: "eu quero saber".[13] Nós devemos, então, voltar a Kant, e principalmente para o opúsculo *Resposta à questão: o que são as Luzes?*, para definir esse espírito das Luzes perpetuado pela filosofia de Fichte. O elemento principal da definição das Luzes apresentada nesse opúsculo consiste na posição de uma íntima relação entre saber e liberdade. É inicialmente por um desenvolvimento do saber, pela utilização de seu discernimento, que o homem pode libertar-se de seus "tutores", "sair de sua minoridade" e realizar assim a primeira parte da definição das Luzes. Porém, se a utilização de seu discernimento envolve uma libertação, essa utilização, ela mesma, pressupõe um ato de liberdade: liberdade quanto à forma – é de seu próprio discernimento que se trata de fazer a utilização; devemos, portanto, livrar-nos de qualquer "orientação estranha"[14] – e liberdade quanto ao conteúdo, na utilização pública de sua razão, ou seja, na utilização que possamos fazer dela diante de todo o público sábio – utilização pública que Kant opõe à utilização privada que cada um efetua ao preencher sua função. "Ora, para tais Luzes, não se requer nada mais que a liberdade, e, a bem dizer, a mais inofensiva das liberdades entre tudo que possa receber tal nome, a saber, aquela de fazer uma utilização pública de sua razão em todos os domínios."[15]

Desse modo, a liberdade é então, simultaneamente, fim e meio do desenvolvimento do saber, e a pressuposição de um ato de liberdade na origem desse desenvolvimento é um postulado que torna tal desenvolvimento possível. Temos com isso uma clara compreensão da segunda parte da definição liminar das Luzes: "A saída do homem da minoridade, *pela qual ele mesmo é o respon-*

---

13. Fichte, *La destination de l'homme*, 1965, p. 52.
14. Kant, *La philosophie de l'histoire*, 1972, p. 46.
15. Idem, ibid., p. 48.

14   LUC VINCENTI

sável".[16] É porque o homem é inteiramente responsável por sua minoridade que é sua tarefa livrar-se dela, que ele é capaz disso e deve fazer isso. Encontraremos, então, a responsabilidade plena e total do sujeito, tal como a exprimíamos no início desta introdução. Essa responsabilidade se reencontra aqui, pela definição das Luzes, na unidade da razão e da liberdade, unidade que subordina toda atividade racional a uma essência fundamentalmente prática da razão, ou seja, à exigência racional de transformar moralmente o mundo. Certamente, essa transformação é reivindicada por Kant somente de uma maneira tímida. O único efeito imediato da utilização pública da razão reside, tomando como exemplo o padre, na comunicação ao público de todos os seus pensamentos, objetivando "submeter-lhe seus projetos visando a uma melhor organização da coisa religiosa e eclesiástica".[17] Não podemos, então, senão limitar-nos a esperar um dia "quando a análise da natureza dessas coisas tiver sido levada bastante longe e tiver sido suficientemente confirmada para que, sustentado por uma concordância de algumas vozes (se não de todas), um projeto possa ser levado para a frente do trono".[18] E o mesmo raciocínio, como o indica Kant ao final de seu opúsculo, aplica-se às questões de legislação em matéria de política. O jovem Fichte, cujas reservas em relação às Luzes não atenuam de modo algum a apologia da Revolução Francesa, irá, contudo, herdar essa moderação kantiana. Isso se evidencia quando ele afirma, no Prefácio das *Considerações...*, que "a dignidade da liberdade deve alçar-se de baixo para cima, mas a emancipação só pode ocorrer sem desordem de cima para baixo".[19] Entretanto, as posições de Fichte serão cada vez mais radicais. As *Considerações...* já legitimavam a possibilidade de mudar o contrato social. Os *Discursos à nação alemã* seguirão ainda mais longe por essa via, com determinados toques claramente revolucionários. Por um lado, isso será feito afirmando-se que se trata justamente de criar uma nova ordem das coisas e, por outro, sublinhando que tal criação não pode efetivar-se senão contra o

---

16. Kant, op. cit., 1972, p. 46 (g. n.).
17. Idem, ibid., 1972, p. 50.
18. Idem, ibid., p. 51-2.
19 Fichte, op. cit., 1974, p. 83.

EDUCAÇÃO E LIBERDADE   15

"amor burguês pela ordem existente".[20] "A vida propriamente dita não consiste na simples conservação de um regime tradicional, das leis, do bem-estar civil: isso tudo não comporta nenhuma decisão original." O domínio alemão desempenha, então, o papel de catalisador no acesso do povo alemão à sua maioridade, reforçando a exigência de autonomia. Mas nem por isso precisaríamos ver em Fichte um revolucionário segundo o modelo formulado pela nossa imaginação ocidental. O espírito das Luzes consiste igualmente na recusa da ação violenta; é pela e para a ação racional que uma transformação do mundo pode ser encarada; "A luta armada terminou. Desde que a queiramos, terá início uma outra luta: luta de princípios, de costumes, de caracteres".[21] Eis quem nos conduz à definição de uma nova tarefa da educação.

UMA NOVA PEDAGOGIA

Desde os primeiros textos de Fichte, e sobretudo no Prefácio das *Considerações...*, a íntima relação entre saber e liberdade que definia as Luzes será retomada no quadro de uma nova definição do ato pedagógico. Trata-se, em primeiro lugar, de uma nova abordagem do ato ele mesmo, que deve ser libertador em sua forma, se quiser sê-lo por seu conteúdo. Pode-se, de fato, de acordo com a utilização de Fichte, distinguir o ato de instruir (*Belehrung*) da instrução adquirida (*Unterrichtung*). A instrução adquirida é o meio da libertação; o ato de instruir, ou a relação educativa, inicialmente meio de instrução, torna-se então, igualmente, meio dessa libertação: "contra os preconceitos e a inércia do espírito, existe um meio: a instrução (*Belehrung*) e a ajuda de um amigo".[22] Porém, a relação pedagógica não pode ser o meio de uma libertação senão sendo ela mesma imediatamente, em sua forma, libertadora. A partir de 1797, será sobretudo a relação pedagógica que irá consolidar o estreito liame entre educação e liberdade, e servirá

---

20. Fichte, op. cit., 1981a, p. 175.
21. Idem, ibid., p. 250.
22. Fichte, op. cit., 1974, p. 81.

16 LUC VINCENTI

de ponto de apoio para a célebre definição de educação: "O apelo à livre-autenticidade é aquilo a que designamos educação".[23] Desde 1793, Fichte apresenta, nas *Considerações...*, sua própria obra como elemento dessa educação libertadora. Depois de ter associado a instrução (*Belehrung*) e a ajuda de um amigo, Fichte escreve: "Eu gostaria de ser tal amigo para aquele que dele tivesse necessidade e não encontrasse outro melhor à disposição. Tal foi o motivo que me levou a escrever estas páginas".[24] Por que motivo fazer figurar aqui essa relação de amizade? Podemos, certamente, reter a tradição de uma antiga *philia* e assinalar assim o estabelecimento de uma relação efetiva. Mas acreditamos tratar-se, sobretudo, de insistir na reciprocidade dessa relação para esvaziar qualquer relação de autoridade. Se o sábio, o professor, deve fazer-se amigo de seu público ou de seus alunos, é porque não deverá jamais inculcar conhecimentos. Recebemos os conselhos de um amigo, mas tomamos nós mesmos uma decisão; se tais conselhos substituíssem nossas próprias reflexões, haveria uma relação de autoridade e não mais uma relação de amizade. Ora, retomando por sua própria conta a exigência kantiana de maioridade, Fichte situa, a exemplo de Kant, o surgimento das Luzes na independência do pensamento. É nesse sentido que a *Belehrung*, ato de instruir concebido como relação de amizade e não de autoridade, pode ser em si mesma libertadora: "Todo nosso ensinamento deve tender para o despertar da independência do pensamento (*des Selbstdenkens*)".[25]

A redefinição da relação pedagógica, a fim de unir educação e liberdade, refletiu rapidamente no conteúdo do ensino. Nós nos aproximamos assim de reflexões filosóficas mais antigas. De fato, não é unicamente porque o saber poderia ser, acidentalmente, meio de uma libertação que nós devemos redefinir a educação. O saber deve ser em si mesmo um ato de liberdade, e é em decorrência disso que o ato educativo opõe-se essencialmente a qualquer relação de autoridade. Nenhuma verdade pode ser aceita ou admitida; ela deve ser construída e reconhecida graças a essa

---

23. Fichte, *Fondements du droit naturel*, 1984, § 3, p. 55.
24. Fichte, op. cit., 1974, p. 81.
25. Idem, ibid. p. 82.

construção ou reconstrução; "Um evangelho divino só é verdadeiro para quem se convenceu de sua verdade".[26] Pensar por si mesmo torna-se, pois, não somente o meio da libertação, mas também o único meio de aceder ao saber. Fichte, talvez mais que qualquer outro filósofo, fará dessa característica da verdade a definição essencial do saber. A marca do verdadeiro não é nem o resultado, nem o enunciado do saber, mas o caminho, o método que permitiu que se atingisse a conclusão e que se constituísse o conhecimento como tal. Logo, não é mais o caso de o aluno receber conhecimento, nem de o docente transmiti-lo, mas, ao contrário, de propiciar sua aquisição, sua apropriação pelo aluno.[27] Desse modo, na *Doutrina da ciência*, de 1804, depois de ter explicitado que para possuir a verdade é preciso produzi-la a partir de si mesmo (Primeira Conferência), Fichte irá, na Segunda Conferência, aplicar tal definição ao ouvinte, convidando-o a encontrar nele, para ele mesmo e por ele mesmo, a lição recebida. O domínio do saber adquirido traduz-se, então, no aluno por "uma liberdade absoluta de movimento"[28] no sistema do saber. Indicando que uma teoria não é tal senão por sua construção, e que esta deve ser elaborada pelo aluno, Fichte encontra aqui, no domínio da atividade intelectual, um pensamento dominante da filosofia da educação que, através de Kant, aprofunda suas raízes no *Emílio*. Trata-se de método que transforma a atividade do aluno na condição *sine qua non* da aquisição dos conhecimentos. Rousseau, antes que todos, alertara vivamente os pedagogos: "Colocai-lhe as questões à altura dele e deixai-o resolvê-las. Que ele não saiba nada porque você lho tenha dito, mas porque ele o compreendeu ele próprio: que ele não aprenda a ciência, que ele a invente. Se você não substituir em seu espírito a autoridade pela razão, ele não raciocinará mais, não será mais que o joguete da opinião dos outros".[29] Kant, sucessor de Rousseau em matéria de pedagogia, distinguirá o enunciado

---

26. Idem, ibid.
27. Cf. Fichte, "Plan déductif d'un établissement d'enseignement supérieur à fonder à Berlin", 1979, p. 172: "O professor apenas dá a matéria e anima a atividade, o aluno modela-a ele mesmo".
28. Fichte, *Doctrine de la science*, 1967, p. 29.
29. Rousseau, "Emile", III, 1969, p. 430.

18   LUC VINCENTI

fundamental de toda metodologia desse tipo: "O principal meio que auxilia a compreensão é a produção das coisas".[30]

Porém, tais métodos não serão unicamente justificados, da forma como iremos desenvolvê-los,[31] pela natureza do saber. Eles são igualmente requisitados com a finalidade do conhecimento: a ação. De fato, o que pode tornar-nos mestres e possuidores do saber adquirido torna-nos igualmente aptos para utilizá-lo; o aluno terá recebido uma formação tal que nenhum dos seus conhecimentos "permanecerá frio e morto diante da possibilidade que possuirá de torná-lo vivo, e cada um deles será, de certa forma, necessariamente ligado à vida, desde que a vida tenha necessidade disso".[32] A utilidade deve constituir, por ela mesma, um dos objetivos da educação libertadora. Ela deverá levar plenamente em consideração a habilidade, primeiro momento da cultura que, enquanto aptidão para a realização de objetivos em geral (Kant, *Crítica da faculdade de juízo*, parágrafo 83), representa de certa forma o território no qual poderá edificar-se a moralidade efetiva. Fichte irá juntar-se, tanto nas *Considerações...* (primeiro capítulo) como nos *Discursos à nação alemã*, a essas novas reflexões kantianas. O novo estatuto da educação é o que compromete esta última com o recobrimento dos campos disciplinares, indo da natação ao trabalho manual, passando pelas humanidades clássicas. Sempre, porém, tanto em Kant como em Fichte, a inspiração permanecerá a mesma; trata-se de aproximar a educação da vida real, de modo que os alunos possam compreendê-la para transformá-la.

---

30. Kant, *Réflexions sur l'éducation*, 1980, p. 119.
31. Cf. adiante, "A visão de conjunto de Fichte", p. 63.
32. Fichte, terceiro *Discours...*, p. 97, tradução ligeiramente retificada.

EDUCAÇÃO E ADESTRAMENTO

> Um dos maiores problemas da educação é o seguinte: de que modo unir a submissão sob uma coerção legal com a faculdade de se servir de sua liberdade? Pois a coerção é necessária! Mas como posso eu cultivar a liberdade sob a coerção?
>
> Kant, *Reflexões sobre a educação*, p. 87.

A VONTADE E O ARBÍTRIO

Ao perpetuar o espírito das Luzes, ao menos como é apresentado por Kant, a filosofia de Fichte une-se à de Kant para promover, na e pela educação, o acesso de cada membro da humanidade à sua maioridade e à sua autonomia. A partir desse fato, deveríamos assistir a um reforço da oposição, de um lado, entre o que define, graças à íntima relação entre saber e liberdade, qualquer projeto educativo e, de outro, o que caracteriza uma empresa de adestramento que objetiva o desenvolvimento do indivíduo não para ele mesmo, mas pelas vantagens que o adestrador obterá desse desenvolvimento. Não se deveria nem mesmo pensar no emprego do adestramento como meio para fins educativos; esperança de

20 LUC VINCENTI

recompensas e temor de punições deveriam ser radicamente banidos. Fichte estipula claramente tal ponto de vista n'*O sistema da Ética*: "Ao empregar tal meio, você não suscita absolutamente nenhuma disposição moral, mas faz apenas perpetuar a antiga disposição imoral, você a alimenta e a conserva de modo muito cuidadoso...".[1] Entretanto, trata-se exatamente, neste último, de uma legislação penal severa e rigorosa. Entretanto, trata-se justamente, em Kant, de uma forma de adestramento e de uma obediência cega por parte da criança. Trata-se mesmo, em Fichte, de reduzir a nada a vontade do aluno.[2] Se permanecêssemos aqui, não poderíamos, de modo algum, apreender a coerência nem da educação fichteana, nem mesmo dos *Discursos à nação alemã* isoladamente, já que estes últimos, defendendo a liberdade e a autonomia de um povo, negam a quem quer que seja a possibilidade de triturar os germes da humanidade e de comprimir essa massa em um molde.[3] De que forma, então, entender que o desenvolvimento da liberdade possa coexistir com a coerção e requerê-la? Para refletirmos sobre isso sem contradição, precisamos entender que a coerção não incide diretamente sobre a liberdade, mas sobre uma liberdade ilusória que se coloca como obstáculo para o desenvolvimento de uma verdadeira liberdade.

Lembremos de início que, na filosofia kantiana, a vontade não pode ser livre, isto é, "independente das condições empíricas",[4] de modo algum determinada por tais condições, ou seja, se não for a matéria, o conteúdo de seu querer que a impele a querer isso ou aquilo. Nós estaríamos, nesse caso, na "heteronímia" do livre-arbítrio, que receberia sua lei (*nomos*) de um outro (*hetero*) que não ele mesmo, ou seja, do objeto desejado. A vontade livre, então, não se define por aquilo que ela quer, mas segundo a maneira como quer, segundo a forma de seu querer, depurada de todo conteúdo. Só nos resta, se procurarmos saber por que lei determina-se a vontade livre, a própria forma legislativa ela mesma. A vontade livre pode,

---

1. Fichte, *Le système de l'éthique*, 1986, p. 297.
2. Cf. adiante, "Tradução do segundo 'Discurso à nação alemã'", p. 102.
3. Fichte, décimo terceiro *Discours...*, 1981a, p. 248.
4. Kant, *Critique de la raison pratique*, 1949, § 6, Problème II.

EDUCAÇÃO E LIBERDADE   21

então, tomar como objeto tudo o que for suscetível de preencher a forma pura, e então universal, de uma lei, observando a lei fundamental da razão pura prática: "Aja de tal forma que a máxima de sua vontade possa sempre valer simultaneamente como princípio de uma legislação universal".[5] Pode-se, então, apresentar uma definição positiva da liberdade como autonomia da vontade, esta última dando-se, a ela mesma e por ela mesma, sua lei de determinação. É apenas sob essa condição que a vontade pode ser verdadeiramente livre, e toda liberdade humana autêntica baseia--se na consciência dessa lei. Porém, se toda liberdade se funda na lei moral, não significa consequentemente que toda utilização de nossa liberdade preencha as exigências dessa lei. Encontramo-nos cotidianamente na situação de Ovídio, vendo o bem, aprovando-o e fazendo o mal, mesmo quando, entretanto, teríamos podido e, logo, devido fazer o bem. Essa possibilidade de escolha representa o que o senso comum e a linguagem corrente denominam liber-dade, e o que a filosofia designa livre-arbítrio. Esse poder de escolha entre o bem e o mal pressupõe de fato, naquele que hesita, a possibilidade de agir de um modo autenticamente livre. E é em razão disso que é possível repreender quem quer que não tenha agido do modo devido. Mas, por isso mesmo, o livre-arbítrio está longe de se confundir com a liberdade moral; ele é apenas o índice da possibilidade, e de modo algum pode representar sozinho a liberdade autêntica. Nada existe que nos permita saber efetivamente se nós, mesmo ao final da deliberação mais refletida, escolhemos livremente, e se não fomos, finalmente, determinados por uma causa externa, pela natureza e não pela nossa liberdade. Nesse sentido, quando Kant nos fala – referindo-se ao mal pelo qual o homem deve ser considerado responsável – de um "verdadeiro livre-arbítrio",[6] precisamos entender que o livre-arbítrio pelo qual o homem opta, por não respeitar a lei moral, continua sendo – se bem que verdadeiramente arbítrio, ou seja, o poder de escolha – um arbítrio que não é verdadeiramente livre, uma vez que a

---

5. Idem, ibid., § 7.
6. Kant, *La religion dans les limites de la simple raison*, 1943, p. 50.

22   LUC VINCENTI

liberdade autêntica consiste tão somente em agir corretamente, observando a lei moral.

Vejamos todas as consequências dessa distinção entre o livre-arbítrio e a vontade boa. Se o livre-arbítrio não é verdadeiramente liberdade, é a observação rigorosa da lei moral a única que pode ser denominada livre. E, se continuamos a denominar liberdade a oscilação hesitante entre o bem e o mal, precisaremos então recusar o qualificativo de livre à ação relativa à lei moral, uma vez que "quando a lei moral fala, não existe mais, objetivamente, livre-escolha quanto ao que está por fazer".[7] A obra de Fichte respeita, nesses aspectos, a ortodoxia kantiana; desde as *Considerações*..., onde Fichte assinalava que, no concernente às ações unicamente permitidas pela moral, "a lei moral se cala e retornamos simplesmente a nosso livre-arbítrio",[8] até o sétimo *Discurso*, opondo a liberdade, no sentido de uma hesitação flutuante, e a decisão voluntária, a única verdadeiramente livre.

Encontramos aqui, ao distinguir o livre-arbítrio da vontade livre, o modo de compreender por que as filosofias da educação de Kant e de Fichte, embora preconizando manifestamente a liberdade, mencionam a coerção. Se é o caso de aniquilar a vontade do aluno, isso só pode ser entendido no sentido em que não é preciso, sobretudo, a exemplo da educação contemporânea, deixar o aluno impotente e indeciso no exercício de seu livre-arbítrio. É dessa forma que tal liberdade ilusória deve ser[9] retirada, superada, até mesmo transfigurada na necessidade da lei para que a educação conduza o aluno à ação moral efetivamente livre. Contudo, a coerção, tanto em Kant como em Fichte, não é somente mencionada, é justificada enquanto tal, e isso requer algumas explicações complementares. De fato, dificilmente entenderíamos por que seria preciso restringir o livre-arbítrio a esse ponto, se ele não constituísse um obstáculo ao desenvolvimento da verdadeira liberdade. Ora, e nossos dois autores concordam nesse ponto, é a uma má utilização da liberdade que devemos imputar os mais graves

---

7. Kant, *Critique de la faculté de juger*, 1979, § 5, tradução ligeiramente retificada.
8. Fichte, *Considérations sur la Révolution française*, 1974, Introduction, I, p. 95.
9. Cf. adiante, "Tradução do segundo 'Discurso...'", p. 103.

EDUCAÇÃO E LIBERDADE   23

males por que passa a humanidade; "não é a natureza, é a própria liberdade que produz as desordens mais numerosas e as mais terríveis entre o gênero humano; o mais cruel inimigo do homem é o homem".[10] É justamente devido a seu pendor para a liberdade que se precisa, o mais cedo possível, disciplinar o homem e "polir sua rudeza".[11] A disciplina é parte essencial da educação, e se Kant vê nela uma educação negativa, certamente não é no sentido de que ela se constituiria em qualquer negação da educação, mas no sentido rousseauniano, à medida que a disciplina torna possível a educação posterior reduzindo, ao mesmo tempo, as influências nefastas de um arbítrio abandonado a si mesmo.[12] Nefasto, com efeito, seria verdadeiramente, tanto para ela mesma como para os outros, o comportamento de uma inteligência privada de qualquer orientação moral; Aristóteles já acentuava[13] que, justamente em razão das faculdades propriamente humanas, no homem o vício é muito mais pernicioso que a bestialidade nos animais. É nessa acepção que precisamos entender as afirmações de Kant – no momento atual, mais que surpreendentes – justificando que se envie inicialmente as crianças às escolas "não com a intenção de que ali aprendam algo, mas para que se habituem a permanecer tranquilamente sentadas".[14] Tais consequências, mesmo soando algo falsas ou obsoletas, não invalidam o princípio: antes que a criança possa apreender sua liberdade interior e sua autonomia, tornamo-lhe assim manifesta a possibilidade de não satisfazer de imediato seu pendor natural, e de orientar de modo diferente seu livre-arbítrio. Prepara-se então, através da coerção, o exercício de um arbítrio verdadeiramente livre.

---

10. Fichte, *La destination de l'homme*, 1965, p. 220.
11. *Kant, Réflexions sur l'éducation*, 1980, p. 72.
12. Cf. *Critique de la raison pure*, 1950, p. 491-2: "A coerção, que reprime ... a tendência constante que nos impele a nos livrar de certas regras, denomina-se disciplina. Ela se distingue da cultura, que deve simplesmente dar-nos uma aptidão sem suprimir em troca uma outra já existente. A disciplina contribuirá, assim, para a formação de um talento, que por si mesmo já tem uma propensão a se manifestar, mas por uma contribuição negativa, ao passo que a cultura e a doutrina fornecerão, nesse ponto, uma contribuição positiva".
13. Aristóteles, *Ethique à Nicomaque*, 1979, VII, p. 7.
14. Kant, op. cit., 1980, p. 71.

24   LUC VINCENTI

Logo, existe um adestramento nobre, que dignifica ao invés de humilhar, e se a escola pode ser uma cultura por coerção,[15] justamente pelo fato de a coerção não se exercer sobre o que se visa dignificar, mas sobre a má utilização do arbítrio, que impediria essa elevação rumo à liberdade moral. O adestramento, do qual Kant nos recorda[16] que designa etimologicamente arreamento, não é, então, do mesmo modo que a disciplina, senão uma parte negativa mas necessária da educação. Assim, justifica-se a punição, mas tal justificação é igualmente o que impõe, ao mesmo tempo, limites ao adestramento e à disciplina. Coerções e punições só são requisitadas para restringir o livre-arbítrio e orientá-lo em direção à vontade boa. Nesse sentido, o que deve ser adestrado ou readestrado no arbítrio só pode ser o que este último tem em comum com a liberdade moral, isto é, o comprometimento em uma direção determinada, o fato de apropriar-se desse comprometimento e de assumir suas consequências com responsabilidade. Isso deve, pelo contrário, ser privilegiado, e participa, como veremos no próximo capítulo, da formação do caráter. Em contrapartida, deve ser adestrado ou readestrado aquilo que opõe o arbítrio à vontade moral, isto é, por um lado, a possibilidade de se deixar determinar por seus pendores naturais e, por outro, a hesitação, a indecisão ou a fragilidade de um arbítrio oscilante entre a ação moral e esses mesmos pendores naturais. No que se refere a esse último tópico, Kant retoma de Rousseau a exigência de submeter a criança a uma certa "lei da necessidade".[17] Trata-se de fazer com que a vontade da criança aprenda a curvar-se diante dos obstáculos naturais. Quando estes não estão presentes, por exemplo no caso de uma interdição enunciada pelos pais e fundamentada em um raciocínio que a criança talvez não possa entender, a denegação deve assumir o aspecto de uma necessidade inabalável para evitar qualquer capricho. Essa exigência tinha como finalidade, em Rousseau, distanciar a criança da dependência mútua da opinião que aprisiona tanto o senhor quanto o escravo. O senhor depende efetivamente

---

15. Kant, op. cit., 1980, p. 111.
16. Kant, op. cit., p. 83.
17. Idem, ibid., p. 126.

EDUCAÇÃO E LIBERDADE   25

dos preconceitos daqueles que ele governa pelos preconceitos,[18] e o escravo pode apenas buscar influenciar a opinião do senhor. Assim, seria preciso manter a criança na "dependência das coisas" para não precipitá-la na "dependência dos homens".[19] Encontramos, nas *Reflexões sobre a educação*, inúmeras passagens que retomam ponto a ponto as recomendações contidas no *Emílio*, principalmente em relação às lágrimas do garotinho. Porém, a exigência de uma denegação irrevogável, tornando--se assim tão necessária quanto uma lei natural, caso em que ela deve justamente engendrar, como sucede em Rousseau, a sinceridade[20] em vez da servilidade,[21] é desviada por Kant rumo a uma direção moral e serve igualmente de base para a firmeza de determinação que define o caráter.[22] O adestramento, no arbítrio, da irresolução e do capricho não é, assim, senão a parte negativa do desenvolvimento positivo daquilo que o arbítrio tem em comum com a liberdade moral: o comprometimento em uma direção determinada e a aprendizagem da responsabilidade. Esse tópico, que surge inicialmente apenas como uma dimensão coercitiva da educação, resulta, de fato, diretamente da fundação de um caráter e, por isso, será desenvolvido no capítulo seguinte. Em contrapartida, a punição parece requisitada por ela mesma no que se refere à possibilidade de se deixar determinar por seus pendores naturais. Trata-se justamente, em matéria de "maldade", de punições "positivas".[23] Entretanto, também nesse aspecto, e na mesma medida em que não se deve readestrar senão o que opõe o arbítrio à vontade boa, a "punição física" é recebida com desconfiança. A melhor punição, qualificada como conveniente e suficiente,[24] continua sendo a

---

18. Rousseau, "Emile", II, 1969, p. 308.
19. Idem, ibid., p. 311-2.
20. Kant, op. cit., 1980, p. 102.
21. Idem, ibid., p. 123.
22. "O caráter consiste na firmeza de determinação com a qual se quer fazer alguma coisa e também em sua colocação em execução real." Idem, ibid., p. 135.
23. Idem, ibid., p. 130.
24. Idem, ibid., p. 127. A necessidade de ligar intimamente toda punição física ao sentimento moral do pejo de si mesmo é encontrada no decorrer da *Crítica da razão prática*, § 8, escólio II, p. 38, quando é o caso de apontar a imoralidade de tudo aquilo que não se baseia na autonomia da vontade: "*a punição é ... um mal físico que,*

26 LUC VINCENTI

punição moral, que procura provocar na criança um sentimento de pejo com a finalidade de despertar nela, pelo remorso, a consciência de sua dignidade. Tais punições, que podem resumir-se em um simples olhar de desprezo, são as únicas compatíveis com a educação moral, não podendo de modo algum basear-se nas punições físicas.[25] Fichte irá exigir, igualmente, um efeito moral da punição, afirmando que "a educação está perdida" se não se puder obtê-lo.[26]

Assim, fica evidente que a justificação do adestramento, da coerção e da disciplina limita consideravelmente o campo de aplicação destes. A punição nunca é necessária em si mesma, não se justifica senão quando a criança pode perceber nela uma oportunidade de readestrar-se. Fica, entretanto, igualmente claro que não se pode esperar da criança uma sensibilidade moral ligada à consciência do dever; "porém, inicialmente, a coerção física deve suprir a falta de reflexão das crianças".[27] Mas, também nesse ponto, se não quisermos produzir uma maneira de pensar servil, nem propiciar do dever uma imagem de "alguma coisa cuja transgressão é seguida pelo chicote",[28] é muito melhor reduzir esse tipo de punição. A obediência cega da criança deve, desde que possível, ceder lugar à obediência voluntária do adolescente, que reconhece[29] a vontade do guia como razoável e boa. Sob esse aspecto, a obediência cega e passiva da criança não é somente limitada no tempo; uma vez que ela só se justifica tendendo para a obediência racional, Fichte chega até mesmo a ver nesta última o fundamento inconsciente da primeira obediência. A obediência da criança proviria, então, de uma aptidão para a moralidade, baseando-se "no respeito e na submissão à superioridade – não indubitavelmente concebida, mas obscuramente sentida – do espírito em relação à moralidade, aliando-se ao amor para com os pais e ao desejo de

---

ainda quando não fosse relacionado como consequência natural ao mal moral, deveria contudo estar ligado a este como consequência".

25. Idem, ibid., p. 124, 128.
26. Fichte, décimo *Discours...*, p. 202.
27. Kant, op. cit., 1980, p. 128.
28. Idem, ibid., p. 129.
29. Idem, ibid., p. 125.

receber em troca uma parte do amor deles".[30] Por representar "na criança a imitação de toda a mentalidade moral",[31] a obediência tem seu lugar no âmago da educação. Tudo o que resulta da coerção, do adestramento e da disciplina acha-se, assim, submetido à moralidade e determinado por essa subordinação, isto é, simultaneamente limitado e justificado. Não temos mais nenhuma razão para surpresa ao encontrarmos, nas filosofias da educação de Kant e de Fichte, temas aparentemente opostos ao desenvolvimento da liberdade. Ao constranger o arbítrio, não fazem mais que preparar a edificação da vontade livre. Logo, podemos encarar agora a educação moral positiva.

A FUNDAÇÃO DE UM CARÁTER

Antes de determinar o que pode ser a educação moral propriamente dita, precisamos introduzir uma explicitação essencial. Não é absolutamente óbvio que possamos de fato, para educar, transformar moralmente um indivíduo. E isso não porque pareceria absurdo procurar desenvolver, por uma ação exterior, a liberdade de um outro. Essa objeção será definitivamente afastada[32] depois de ter exposto os diferentes meios de incitar o aluno a servir-se ele mesmo de sua liberdade. A objeção que se manifesta aqui é mais radical e liga-se à coerência mesma da definição kantiana da liberdade. A *Crítica da razão pura*, abrindo a senda da filosofia prática, ou seja, no Kant da filosofia moral, determina as condições de possibilidade teórica de uma liberdade humana. Tal liberdade não pode ser, na terminologia kantiana, senão "transcendental", e não empírica, uma vez que a *analítica da razão pura* demonstra que não podemos pensar a experiência sem determinar causalmente cada momento do tempo por um tempo anterior. Não pode então existir aqui, pelo menos na filosofia kantiana, nenhum espaço para o surgimento de um ato livre, para a espontaneidade da ação, se

---

30. Fichte, Le système de l'éthique, 1986, § 27 B, p. 317.
31. Idem, ibid., p. 318.
32. Cf. adiante, "A concepção fichteana".

28 LUC VINCENTI

nos ativermos a nosso conhecimento da experiência e aos conceitos do raciocínio. É preciso, contudo, levar em conta, e esse é o objeto da IX seção da *antinomia da razão pura*, a exigência do dever, que perderia qualquer significação se permanecêssemos no plano da necessidade natural. Uma vez necessariamente determinado a agir de tal ou tal maneira, não poderia mais ser questão de poder agir segundo seu dever. Kant introduz então a teoria do caráter inteligível, na qual o termo caráter não designa, de imediato, senão uma lei de causalidade, e pode, a partir desse fato, designar qualquer causa eficiente, seja ela ou não inteligente. O homem disporia unicamente, além de seu "caráter empírico" – "pelo qual seus atos, como fenômenos, seriam inteiramente encadeados a outros fenômenos" –, de um "caráter inteligível pelo qual, em verdade, seria a causa de seus atos, como fenômenos, mas que, ele mesmo, não seria submetido às condições da sensibilidade, e não seria sequer um fenômeno".[33] O caráter inteligível apresenta-se como o lugar teórico que a *Crítica da razão pura* reserva para a liberdade moral, e nós podemos, então, pensar esta última sem contradições, já que a lei moral em nós faz-nos conhecê-la. Porém, da inteligibilidade desse caráter, e de sua pertença ao mundo numenal, resultam dificuldades consideráveis na compreensão da ação moral, principalmente a propósito do melhoramento moral da humanidade. Com efeito, pelo fato de esse caráter ser inteligível, e precisa sê-lo para escapar à necessidade natural, não pode ser inscrito no tempo. Assim, do ponto de vista do caráter inteligível, a totalidade da vida humana aparece de uma só vez, intemporal, ou intemporalmente, determinada como boa ou má. O homem não pode ter adquirido no tempo a intenção moral ou imoral; ele é, "desde sua juventude, um ou outro para sempre".[34] Não somente um empreendimento educativo perderia, assim, qualquer sentido, mas nós nos encontraríamos, além disso, ante uma espécie humana irremediavelmente maldosa, uma vez que é na espécie[35] toda que a primeira utilização da liberdade produz o mal. É evidente que não podemos

---

33. Kant, op. cit., 1950, p. 398.
34. Kant, op. cit., 1943, p. 44.
35. Idem, ibid., p. 52.

EDUCAÇÃO E LIBERDADE   29

permanecer nessa conclusão, manifestamente contraditória ao conjunto das orientações kantianas. Logo, precisamos compreender, não apesar de, mas com a radicalidade desse mal, as condições de emergência de uma vontade boa.

Essa emergência, e com ela a injunção do dever, tornar-se-ia incompreensível se o mal contaminasse totalmente a vontade livre. Felizmente, uma tal "depravação da razão legisladora moral"[36] não é pensável. Para isso seria preciso agir livremente, isto é, voluntariamente, sem agir moralmente. Precisaríamos, então, poder cindir a força do preceito moral, que permitisse separar uma liberdade transcendental, e a exigência do dever. Ora, tal coisa seria impossível, já que esse preceito não revela uma liberdade autêntica, e não tem tamanha força, senão porque exige justamente a realização daquilo que não possui sentido algum diante da necessidade e dos pendores naturais: o dever. Não se pode "extirpar em si a autoridade da lei mesma e negar a obrigação que dela deriva".[37] Já que não se pode dissociar o agir livre da exigência moral, uma vontade do mal seria, do ponto de vista lógico, uma contradição manifesta. Fichte sublinha igualmente essa impossibilidade de uma pura vontade do mal, deixando claro que, nesse caso, o homem, no instante de agir, deveria querer simultaneamente o dever e seu contrário; "então, haveria nele, no mesmo momento e em virtude de uma mesma faculdade, exigências contraditórias, hipótese que se destrói a si mesma".[38] *Stricto sensu*, e à medida que a vontade é o que interiormente pode determinar o arbítrio, deve-se então identificar a vontade com a razão prática moralmente legisladora. O mal radical, pelo qual o homem deve ser considerado responsável, não pode relacionar-se com a própria vontade como princípio racional da determinação do arbítrio à ação,[39] mas deve relacionar-se com o arbítrio como faculdade de proporcionarem-se máximas,[40] regras subjetivas de ação. O mal é, então, radical no sentido em que corrompe todas as máximas do livre-arbítrio quando este se recusa

---

36. Idem, ibid., p. 56.
37. Idem ibid.
38. Fichte, op. cit., 1986, p. 184.
39. Kant, *Doctrine du droit*, 1971, p. 87.
40. Idem, ibid., p. 100.

30   LUC VINCENTI

a admitir unicamente a lei moral como móvel. Nesse sentido, o pior dos homens, para ser responsável por seu mau caráter, não deixa entretanto de ouvir repercutir em si o apelo da lei;[41] e se não teve até agora, pela utilização de seu livre-arbítrio, senão um mau caráter, ele precisa, contudo, "a qualquer preço edificar-se num outro, se aquele que tem no momento de nada vale, e ele pode fazer isso, uma vez que só depende de sua liberdade".[42] Essa formação de um novo caráter, justamente porque o preceito moral não desapareceu, mas tão somente foi obscurecido, permanece sempre possível. Existe nesse ponto um postulado inconfesso da razão prática que tem, entretanto, tanta força quanto o postulado da imortalidade da alma ou da existência de Deus. Estes dois últimos eram postulados, isto é, necessariamente pressupostos, enquanto condições indispensáveis para que o ser racional finito pudesse satisfazer as exigências morais, e o mesmo ocorre em relação a este postulado implícito. Para obedecer ao preceito moral que a mim se impõe, devo necessariamente supor-me capaz de educar-me ou converter-me à moral e transformar, graças à minha liberdade autêntica, meu caráter até agora tornado mau pela utilização de meu arbítrio. Para que isso ocorra é preciso "pressupor que um germe de bem, preservado em toda sua pureza, não tenha podido ser extirpado ou corrompido".[43]

Se Kant afirma rapidamente, nas *Reflexões sobre a educação*, "não existe, no homem, germe senão para o bem",[44] com certeza ele o faz principalmente para acentuar, uma vez que a palavra germe designa tão somente, em origem, uma possibilidade natural de desenvolvimento, que não existe germe para o mal no homem, no sentido em que o mal no homem não provém da natureza. Mas é também designando, com a palavra germe, em sentido amplo, uma finalidade possível, para salientar que não pode afirmar-se no homem uma vontade, isto é, uma razão praticamente legisladora, que desejasse o mal. Este último postulado da razão prática torna-se

---

41. Kant, op.cit., 1943, p. 68.
42. Fichte, op. cit., 1986, p. 175.
43. Kant, op. cit., 1943, p. 68.
44. Kant, op. cit., 1980, p. 80.

EDUCAÇÃO E LIBERDADE   *31*

então, de imediato, o primeiro postulado da razão educativa. Mas, deixemos bem claro, não se trata de modo algum, aqui, de postular, à maneira de Rousseau, uma bondade original do homem. O mal radical nos leva, pelo contrário, a ver nas primeiras manifestações empíricas da liberdade humana apenas desordens e desastres. As observações de Kant a esse respeito[45] possuem um tom totalmente diverso do das observações do *Discurso sobre a origem e os fundamentos da desigualdade*, que louvam a bondade das tribos primitivas. Fichte ergue-se igualmente[46] contra a afirmação de uma bondade original da natureza humana. O que aqui é postulado é a possibilidade que cada membro da humanidade sempre tem de combater o mal dentro de si, de dominar seus pendores naturais e de dominar a liberdade de seu livre-arbítrio, respeitando a lei moral. Logo, não se busca estabelecer historicamente uma realidade empírica, mas fundar racionalmente uma esperança e uma confiança na capacidade de que cada um é dotado para afirmar-se como sujeito moral. Trata-se claramente, em questão de educação, de um postulado e não de uma hipótese. De fato, esta última é necessária para que a educação seja possível: "De que modo a educação deveria poder engendrar a moralidade na criança, se ela já não existisse nela originalmente e antes de qualquer educação?".[47] Tal postulado, múltiplas vezes retomado nos *Discursos à nação alemã*, não é somente teórico. Ele leva o educador a pressupor com firmeza[48] a existência dessa pulsão moral no aluno, para reconhecer-lhe as manifestações e facilitar sua afirmação. Poderíamos até começar recomendando a todo educador que desconfiasse de uma opinião corrente que apenas atribui tendências egoístas à criança. Tal atribuição não impede apenas que o educador perceba e encoraje a consolidação da disposição moral. Ela distancia igualmente a criança da realização dessa disposição. Reencontramos aqui a atitude denunciada por Alain na décima primeira de suas *Propos sur l'éducation*,[49] afirmando: "Na essência de todos os vícios,

---

45. Kant, op. cit., 1943, p. 53-4.
46. Em *Le système de l'éthique*, p. 181.
47. Fichte, décimo *Discours...*, p. 201.
48. Idem, ibid., p. 203.
49. Alain, *Propos sur l'éducation*, 1948, p. 24.

xiste sem dúvida alguma condenação em que se crê". Mesmo Fichte já tivera oportunidade, em sua própria vida, de pôr em prática essa recomendação quando de sua primeira relação com as tumultuosas associações de estudantes. Ao ver-se levado a justificar a confiança incomum que manifestava para com os dirigentes dessas associações, ele escrevia na época: "Se os estudantes não têm nenhum valor moral, é justamente porque se age em relação a eles como se não tivessem nenhum".[50] Apesar disso, ele realizou com sucesso sua empresa moralizadora.

Pela única razão de o imperativo moral só ser obscurecido pela fraqueza e impureza do coração humano, resulta que a primeira orientação de uma educação moral consiste em esclarecer a consciência desse imperativo. É a principal direção, sublinhada tanto por Kant, na metodologia da *Crítica da razão prática*, quanto por Fichte, em *O sistema da ética*: "O homem nada mais tem a fazer senão trazer claramente para a consciência essa tendência para a autonomia absoluta, que, agindo como tendência cega, produz um caráter muito imoral e, através dessa simples reflexão, essa tendência transformar-se-á em uma lei que comanda inteiramente".[51] A metodologia da *Crítica da razão prática* propõe, assim, uma modelagem progressiva do julgamento moral, baseado na admiração e no respeito necessariamente produzidos em nós pela nobreza do preceito prático. A simplicidade dessas indicações não autoriza, entretanto, o educador a oscilar em um otimismo que correria o grande risco de permanecer estéril. De fato, se cada um de nós preserva mesmo, em si, a possibilidade de agir moralmente, nem por isso se precisa deixar de contrabalançar a influência de uma tendência para o mal cuja radicalidade faz com que sua eliminação definitiva seja impossível. Precisamos, ainda e sempre, formar o arbítrio de tal forma que ele admita a intenção moral como fundamento de suas máximas. Essa formação, por referir-se ao arbítrio e não à vontade, pode efetuar-se assumindo a aparência de uma coerção. Contudo, se essa formação deve, para contrabalançar a influência dos pendores naturais, utilizar os mesmos meios que

---

50. X. Léon, *Fichte et son temps*, 1954, t. I, p. 325.
51. Fichte, op. cit., 1986, p. 183.

EDUCAÇÃO E LIBERDADE 33

propiciam a estes sua implantação no arbítrio, esses meios devem entretanto derivar imediatamente de uma educação moral. Iremos nos encontrar diante de uma noção, o hábito – que, a exemplo das potências racionais de Aristóteles, pode igual e perfeitamente produzir tanto a imoralidade quanto seu contrário –, sendo utilizado na formação do caráter. Pode-se simultaneamente, pela "ausência de pensamento",[52] habituar-se a viver confortavelmente, deixando-se determinar pelos pendores naturais, assim como se pode, ao contrário, habituar-se a "refletir com firmeza e estar atento à lei".[53] O hábito é, logo de início, depreciado como índice de uma inércia natural,[54] revelando, sob forma de preguiça, até mesmo de covardia, a ausência de autonomia. Sob esse aspecto, o hábito é radicalmente condenado:

> Quanto mais um homem possui hábitos, tanto menos ele é livre e independente. Isso se aplica tanto aos homens quanto aos animais; uma vez já habituado a alguma coisa, conserva-se uma certa tendência para continuá-la. Assim, é preciso impedir que a criança habitue-se a alguma coisa; não se pode deixar que se crie nenhum hábito nela.[55]

Esse parágrafo não esquece a condenação geral de qualquer hábito encontrada no livro I de *Emílio*. Porém, do mesmo modo que se trata, justamente no livro V de *Emílio*, de verdadeiros hábitos que se conservam no adulto, uma vez que puderam conseguir a adesão do aluno, trata-se igualmente, nas *Reflexões sobre a educação*, de um hábito realmente formador, referente à seriedade e à resistência às tendências,[56] ou referente ao trabalho.[57] O que então era apenas mecânico e, em razão disso, derivava da necessidade natural torna-se, se lhe dermos a forma da moralidade, o terreno no qual poderá consolidar-se o agir moral do aluno. Essa mesma necessidade assume justamente a forma da constância e da firmeza que Fichte atribui à vontade moral, igualmente como ela

---

52. Idem, ibid., p. 185, e décimo segundo *Discours...*, p. 231.
53. Fichte, op. cit., 1986, p. 186.
54. Idem, ibid., p. 192-3, páginas nas quais Fichte se refere explicitamente a Kant.
55. Kant, op. cit., 1980, p. 100.
56. Idem, ibid., p. 132-3.
57. Idem, ibid., p. 111.

34 LUC VINCENTI

representa, mesmo que não seja, inicialmente, senão sob um aspecto exterior, a firmeza de determinação que define, em Kant, o caráter.[58] A educação moral deveria, então, uma vez que edifica o caráter, começar por impor uma certa rigidez ao emprego do tempo da criança.[59] A formação de um "caráter de criança"[60] exigirá, de início, a obediência de que falamos na seção precedente. Os dois outros traços constitutivos de um caráter de criança, a verdade e a sociabilidade,[61] já nos arrastam para além de uma simples forma exterior de agir moral, em direção ao que constitui positivamente seu conteúdo e que representa a primeira definição do caráter nas *Reflexões sobre a educação*: a aptidão para agir segundo máximas.[62] Precisaríamos, então, incitar a criança não somente a ser consciente de suas escolhas, mas sobretudo a respeitar estas últimas, agindo de forma consequente. Damos assim um grande passo, não somente rumo à ação refletida em geral, mas igualmente rumo à possibilidade de atribuir-se a lei moral como máxima. Nós nos aproximamos agora dos limites da disciplina e do hábito, uma vez que não pode mais tratar-se unicamente da conformidade exterior da ação às exigências morais, isto é, de sua única legalidade. A moralidade da ação baseando-se na intenção de agir por dever; não é suficiente que o aluno faça o bem, é preciso ainda "que ele o faça porque se trata do bem".[63] Para isso, o educador não pode senão remeter-se à confiança definida anteriormente no postulado da razão educativa. Porém, essa confiança encontra-se agora reforçada pela estabilidade do arbítrio e pela abertura, graças à disciplina, de um campo de exercício para a liberdade interior. Permanece que, se ninguém pode ser confirmado definitivamente no bem, esse campo sempre é susceptível de fechar-se, e a consciência da lei, de obscurecer-se. Fichte, que será nesse domínio mais exigente que Kant, prolonga, objetivando resguardar o aluno contra uma recaída no mal, a

---

58. Kant, op. cit., 1980, p. 135.
59. Idem, ibid., p. 125.
60. Idem, ibid.
61. Idem, ibid., p. 129, 130.
62. Idem, ibid., p. 124.
63. Idem, ibid., p. 117.

EDUCAÇÃO E LIBERDADE   35

educação moral negativa por uma educação cívica positiva. É isso que iremos analisar na seção que se segue.

EDUCAÇÃO CÍVICA, EDUCAÇÃO MORAL

Se Fichte, ao prolongar por uma educação cívica positiva as coerções que pesam sobre o arbítrio, parece mais exigente que Kant, o fundamento dessa exigência suplementar irá indicar-nos que não é o caso de um puro e simples reforço da disciplina kantiana. Nossa problemática precedente irá deslocar-se, uma vez que agora tratar-se-á menos de disciplinar o arbítrio que de opor-se radicalmente à imoralidade, avaliando, aos olhos de Fichte, sua origem. Sob esse aspecto, a função da educação cívica consistirá, antes de mais nada, em lutar contra o egoísmo, que surge desde o primeiro dos *Discursos à nação alemã* como a "raiz de toda corrupção"[64] e como obstáculo fundamental para o exercício de toda liberdade ou autonomia efetiva. Poderíamos então surpreender-nos com o fato de que, em uma filosofia que apresenta, pelo menos em suas primeiras exposições sistemáticas, o Eu como fundamento, uma manifestação desse mesmo Eu seja a tal ponto condenada. Porém, trata-se verdadeiramente do mesmo Eu? Assim como tínhamos oposto, na Introdução, o sujeito ao indivíduo, precisamos agora distinguir o egoísmo, preferência atribuída a meu Eu individual, da egoidade, posição da estrutura do Eu como consciência de si. Nesse sentido, a egoidade, o Eu como consciência de si, confunde-se com a definição do sujeito. O Eu é aquele que se coloca, e por esta autoposição o Eu não pode opor-se senão ao que não se coloca a si mesmo, isto é, ao que não é sujeito, mas objeto. Assim, como o afirma explicitamente Fichte, na IX seção da "Segunda introdução",[65] ao colocar-me como consciência de mim mesmo, não me oponho às outras pessoas, mas às coisas. O que significa, primeiramente, que o outro, enquanto consciência de si, não me é estranho. A egoidade, ao contrário do egoísmo, não me

---

64. P. 67, tradução retificada.
65. Em *Oeuvres choisies de la philosophie première*, 1980b, p. 300-3.

distancia, mas me aproxima do outro; sob o conceito de egoidade, "nós não abrangemos somente nossa personalidade determinada, mas, além disso, nossa espiritualidade em geral". Contudo, isso igualmente significa, em um segundo momento, que me oponho enquanto Eu ao que não é puramente Eu, e, nesse sentido, o que me opõe a outro não me constitui como sujeito. Minha individualidade determinada, meu corpo por exemplo, ou, como se expressa Fichte em *O sistema da ética*, o fato de ser tal indivíduo "A", não resultaria, enquanto individualidade, na definição de minha pessoa. Entretanto, em um terceiro e último momento, há uma clara evidência de que não posso existir simplesmente como Eu puro. Sem retomar aqui os desenvolvimentos metafísicos que aliam uma concretude individual à egoidade, não podemos nos esquecer de que, se a individualidade é de fato acidental,[66] nem por isso é menos necessária à minha existência e ao exercício de uma liberdade efetiva. Estou, assim, particularmente ligado a meu corpo. Mas, à medida que minha posição como sujeito, Eu, consciência de si, é o fundamento de tudo o que sou, de tudo o que sei e de tudo o que devo ser, essa ligação particular com meu corpo é determinada como uma subordinação de meu corpo e de minha individualidade à forma pura de meu Eu. Meu corpo não me pode ser dado antes que eu exista como Eu, isto é, antes que exista aquilo a que o corpo pertence. É, em última instância, o Eu quem me apropria desse organismo e que o torna meu corpo.

Ora, o que me diferencia do animal e de toda a natureza, e o que define positivamente a essência humana, nada mais é senão o que me autoriza a reconhecer-me como sujeito livre e a existir como tal: a tendência moral e a exigência do dever. Já conhecemos então a forma de nosso Eu puro. Da minha individualidade, que não designa somente meu corpo mas "o homem sensível empiricamente determinado por completo",[67] devendo subordinar-se a esse Eu puro, conclui-se que meu Eu empírico deve ser "simultaneamente o instrumento e o veículo da lei moral".[68] De modo concreto, isso

---

66. Fichte, op. cit., 1980b, p. 303.
67. Fichte, op. cit., 1986, p. 221.
68. Idem, ibid.

EDUCAÇÃO E LIBERDADE   37

significa que não devo nunca, tanto em outro quanto em mim mesmo, tratar o Eu empírico como um objeto, mas ver sempre nele a encarnação da liberdade. Pode-se encontrar aqui o fundamento de qualquer educação física em sentido amplo, visando tornar o corpo humano "apto a todos os objetivos possíveis de sua liberdade",[69] e nós retornaremos a essa questão no próximo capítulo. Por agora, notemos que aí encontramos, sobretudo, a base da condenação do egoísmo, que, ao não tratar o Eu empírico como o instrumento da lei moral, impede-o de ser simultaneamente seu veículo. O egoísmo, relacionando tudo ao Eu empírico, faz de minha individualidade um fim último e opõe-se assim, até cegá-la, à tendência moral. Logo, não é, como em Kant, "apenas frequentemente" que o preceito do dever "exigiria a abnegação de si mesmo".[70] Fichte estabelece aqui uma disjunção perfeita entre o egoísmo e a moralidade. Compreende-se, então, que a atividade do arbítrio seja em geral apresentada[71] como uma opção entre a tendência egoísta e a tendência moral. Compreende-se igualmente que o egoísmo possa surgir como a fonte de toda corrupção. Porém, se não se tratasse de um vício particular, no qual alguns poderiam naufragar, quase não compreenderíamos por que Fichte atribui tanta importância à sua erradicação. Acontece que o egoísmo não é unicamente a raiz teórica da imoralidade, é também sua origem cronológica. O egoísmo sensível[72] é a primeira manifestação fundamental da consciência, precedendo todas as outras no tempo. Compreendemos, então, por que é preciso o mais cedo possível lutar contra ele, sob pena de ver o homem perdurar na imoralidade.

A submissão ao direito está, desse modo, no domínio da filosofia da educação, mais profundamente fundada em Fichte que em Kant. Nas *Reflexões sobre a educação*, a submissão às leis civis aparece somente como uma exigência futura, e só poderia justificar de forma acessória a obediência absoluta exigida da criança,

---

69. Fichte, op. cit., 1986, p. 207.
70. Kant, *Fondements de la métaphysique des moeurs*, 1950a, p. 113.
71. Fichte, op. cit., 1986, p. 155-6.
72. Cf. o terceiro *Discours...*, p. 99.

habituando-a assim a suportar uma coerção desagradável como poderia sê-la a das leis.[73] Isso apresenta-se completamente diferente em Fichte, em que o caso é fundar, a exemplo dos gregos, o civismo sobre a educação.[74] Entretanto, e em razão dos desenvolvimentos precedentes, a justificação desse enraizamento não é mais, em Fichte, a aprendizagem da obediência. Se precisamos ver na erradicação do egoísmo a primeira função da educação cívica, isso nos compromete a sublinhar, nesse civismo, menos a estrita obediência às leis que a subordinação do indivíduo à coletividade. Se fazemos com que os jovens alunos vivam em comunidade,[75] é sobretudo para ultrapassar o estágio do indivíduo e para permitir a este último que aceda a uma vida coletiva, assim como se devia negar a liberdade do arbítrio para erigi-lo à necessidade da vontade moral. Encontramos de novo, então, a severidade e o rigor, que caracterizavam nos capítulos precedentes a disciplina imposta ao arbítrio e que, pelas punições infligidas, caracterizam agora a legislação penal. Entretanto, se o rigor da disciplina tinha anteriormente como finalidade propiciar ao arbítrio a forma de uma vontade moral, não se trata mais aqui de atingir imediatamente tal vontade. O que funda a severidade da legislação penal é simultaneamente aquilo que a limita; a legislação deve impor, e tão somente impor, ao indivíduo o fato de abster-se de diversos atos que ele poderia levar a cabo sem inconveniente se estivesse sozinho.[76] A finalidade primeira dessa legislação penal continua sendo, então, a de subordinar as tendências egoístas à coletividade, de trocar o bem individual pelo bem de todos. É nesse sentido que a educação cívica constitui, graças à coerção legal, um poderoso meio de luta contra o individualismo e, assim, relaciona-se com "a origem de qualquer moralidade".[77] Assim, como se proclamava desde as primeiras páginas dos *Discursos à nação alemã*, o desenvolvimento do egoísmo acarreta, pela submissão ao que permite a satisfação dos pendores naturais, a perda de nossa independência e de qualquer influência

---

73. Kant, op. cit., 1980, p. 125-6.
74. Fichte, sétimo *Discours...*, p. 156.
75. Cf. adiante, "Tradução do segundo 'Discurso...'", p. 114.
76. Idem.
77. Fichte, décimo *Discours...*, p. 203-4 (tradução retificada).

efetiva sobre nossa própria época; logo, ele vai chocar-se com uma atividade livre. Acontece que Fichte, e nisso reside a causa de todas as incompreensões dos *Discursos à nação alemã*, não fala diretamente, aí, em se trocar esse egoísmo pela egoidade do Eu puro. O Eu, seja o caso de promovê-lo ou de restaurá-lo, é inicialmente apresentado nos *Discursos* como unidade política, como consciência de si do povo alemão e constituição de uma nação.

A priori, não haveria nada a objetar quanto a isso, uma vez que reencontramos aqui o apelo de caráter rousseauista a um Eu comum que ressoa tanto no *Contrato social* quanto no livro I de *Emílio*. Desgraçadamente, o monstruoso passivo que colocou em oposição a França e a Alemanha, e em seguida a Alemanha a toda a humanidade, induz, se bem que muito tempo depois dos *Discursos à nação alemã*, a inverossímeis interpretações destes. Isso é esquecer que, se existe de fato uma intenção polêmica na mais célebre das obras de Fichte, essa obra foi escrita em tempo de pós-guerra, quando não a Alemanha, ainda inexistente, mas a Prússia está sob o tacão napoleônico. Ainda hoje, acredita-se ver nos *Discursos à nação alemã* as premissas das atrocidades cometidas pelo pangermanismo de Hitler. Contra tal acusação, não nos será suficiente apelar para a introdução de Max Rouché para as edições Aubier, que assinalava, em relação aos *Discursos*: "O que sobrevive deles no momento presente são os princípios educacionais". É preciso também sublinhar fortemente nossa oposição a qualquer leitura recorrente dos *Discursos à nação alemã*. Eles foram pronunciados logo depois da derrota prussiana de 1806. Importa lembrar sempre que a Alemanha, em 1807, está bem longe de ser a que Bismarck deixou atrás de si. Nesse sentido, seria tão leviano relacionar os *Discursos* ao nazismo quanto ver as premissas do fascismo em toda tentativa de construção de uma identidade política. Ao contrário, pode-se afirmar, segundo as palavras de X. Léon: "A missão do povo alemão, a 'alemanidade' da qual Fichte pretende fazer a base da unidade nacional, é uma missão democrática e libertadora, uma missão humanista".[78] Se essa interpretação pôde ter sido encarada como generosa por certas pessoas, ela é, entretanto, baseada em

---

78. X. Léon, op. cit., 1954, Avant-Propos, XII.

40 LUC VINCENTI

uma leitura global da obra. Não basta que nos *Discursos* a emancipação política não se reserve unicamente ao povo alemão, mas quer-se um projeto universal.[79] Os *Diálogos patrióticos* irão retomar esse tema, demonstrando, contra os românticos, que os direitos reivindicados por Fichte para o povo alemão são os direitos da própria humanidade, e que o patriotismo não deve mais ser colocado em oposição a um cosmopolitismo que, pelo contrário, confirma-o em suas reivindicações. Permitimo-nos, relativamente a essa problemática, remeter nossos leitores às explicações definitivas fornecidas por M. Guéroult em seu ensaio esclarecedor, "Fichte et la révolution française".[80]

Continua sendo verdade que a educação cívica, ao subordinar o indivíduo ao grupo, engendra tão somente um Eu político e não o Eu puro, suporte da tendência moral. Do próprio fato de Fichte, seguindo a tradição kantiana, separar claramente do direito a moral, decorre o fato de que ainda não chegamos ao termo de uma educação que tem como objetivo a afirmação de cada um como sujeito moral. Contudo, no início, a educação e o direito caminham juntos. Trata-se primeiramente, para consolidar a vontade geral, de impedir que "cada um subordine o objetivo comum a seu objetivo privado".[81] Uma severa legislação penal, rigorosamente aplicada, conseguiria perfeitamente tornar contraditória qualquer vontade ilegal,[82] associando necessariamente uma pena a todo objetivo não conforme ao direito. Desse modo, ela desempenharia perfeitamente sua função no contexto de uma filosofia do direito. Porém, mesmo que a legislação jurídica tivesse uma orientação moral, não obteríamos assim senão ações exteriormente conformes ao dever, ações que, determinadas pelo temor e pela esperança, não teriam valor moral algum. Permaneceríamos na legalidade, sem ter penetrado na moralidade, que requer a intenção de agir pelo dever em si mesmo. A educação cívica, baseada numa coerção externa, nesse ponto parece atingir seus limites, uma vez que "a liberdade da boa vontade permanece inacessível a essa lei de

---

79. Fichte, sétimo *Discours...*, p. 156.
80. Em *Etudes sur Fichte*, 1974, p. 152-246.
81. Fichte, *Fondements du droit naturel*, 1984, § 16, p. 164.
82. Idem, ibid., p. 156.

coerção".[83] Contudo, teríamos ainda assim, aqui, dado um passo em direção à moralidade. Podemos pensar efetivamente que, opondo-se constante e rigorosamente aos pendores naturais, uma legislação acabe por ter certa influência sobre as máximas do indivíduo. Desse ponto de vista, a perfeição visada pela legislação jurídica aproxima-la-ia da moralidade ao incitar o sujeito a querer o direito por ser o direito. Se acrescentarmos que a própria moralidade ganha em perfeição ao observar a legislação jurídica,[84] compreende-se então que mesmo Kant pudesse atingir "a boa formação moral de um povo" valendo-se de uma "boa constituição política".[85] Existe de fato uma disposição moral em respeitar imediatamente o direito em nome do direito, e, pela coerção, que facilita o exercício dessa disposição, "dá-se um grande passo em direção à moralidade, ainda que esse passo não possua ainda um caráter moral".[86]

Poderíamos, então, ser tentados a ver na educação cívica mais que uma educação moral negativa. Entretanto, tanto em Kant como em Fichte, a intenção fundadora da moralidade permanece interior ao sujeito e não pode ser ditada nem coagida por nenhuma ação externa. Desse modo, ela não seria mais intenção moral, não resultaria mais da autonomia da vontade, mas da heteronomia do arbítrio. A educação cívica permanece ainda alheia a uma educação moral positiva.[87] Logo, para executar sua função, o educador precisa avaliar a moralidade de seu aluno; precisa efetivamente saber "se é obedecido por amor à ordem ou por temor ao castigo".[88] Fichte considera então que, na constituição jurídica, não devem inscrever-se somente interdições, mas também ações positivas em prol da comunidade.[89] Porém, se essas ações propriamente meritórias, cuja importância é realçada no décimo *Discurso*,

---

83. Fichte, op. cit., 1984, p. 157.
84. "Quanto mais o homem aproximar (em sua intenção) a máxima da observação do dever amplo da do dever estrito (o direito), mais sua conduta virtuosa será perfeita", Kant, *Doctrine de la vertu*, 1980a, p. 61.
85. Kant, *Projet de paix perpétuelle*, 1975, p. 45.
86. Idem, ibid., p. 65.
87 Cf. adiante, "Tradução do segundo 'Discurso...'", p. 115.
88. Idem, ibid.
89. Idem, ibid.

podem externamente manifestar a evolução moral do aluno, é exatamente com a condição expressa de que não receba nenhuma recompensa nem se torne objeto de nenhuma coerção. Logo, a exigência do dever supera sempre o direito, e deve ser assim obrigatoriamente. Somente dessa maneira é que na ação livre manifesta-se esse "mais"[90] que caracteriza qualquer decisão voluntária essencial. Finalmente, talvez não exista, então, educação moral positiva. Só podemos, tanto pela disciplina quanto pela coerção das leis, aplanar o caminho para o exercício de uma liberdade autêntica, liberdade que só pode firmar-se e desenvolver-se por meio e em prol do ato de um sujeito.

---

90. Sétimo *Discours...*, p. 159-61.

UM PLANO DE EDUCAÇÃO

> Logo, se quiser desenvolver a natureza humana de tal modo que esta chegue a seu destino, a arte da educação, ou a pedagogia, precisa tornar-se racional.
>
> Kant, *Reflexões sobre a educação*, p. 79.

A CULTURA

Como tivemos oportunidade de ver nos capítulos precedentes, o fato de não existir educação moral positiva não desobriga, longe disso, o educador de toda tarefa formadora. Assim como Rousseau atribuía à sua educação a tarefa de aperfeiçoar os instrumentos de nossos conhecimentos,[1] a educação que visa a liberdade deve desenvolver as capacidades de seu aluno para permitir-lhe que persiga as metas que se há de propor livremente. Logo, a educação não pode limitar-se a coibir ou disciplinar seu aluno. A moral é "uma prática no sentido objetivo",[2] e a educação que assume a moral como meta deve igualmente levar em consideração os

---

1. Rousseau, "Lettre à Christophe de Beaumont", 1969, p. 945.
2. Kant, *Projet de paix perpétuelle*, 1975, p. 55.

44   LUC VINCENTI

requisitos dessa prática, preparando nela o aluno. Nesse ponto, como nos explica Fichte no segundo *Discurso à nação alemã*, é que toda concepção comum da educação é revolvida. Com efeito, desde que se persiga a moral como fim, não se pode mais tomar de imediato o conhecimento como fim.[3] Se o conhecimento faz parte, e faz necessariamente parte, da educação nova, só deve sê-lo enquanto meio para aceder à autonomia e à livre-atividade:

> Não se estuda para, no decorrer de toda nossa vida, e como se estivéssemos constantemente prontos para os exames, reproduzir em nossas palavras o que se aprendeu, mas para aplicá-lo às situações que afloram na existência e assim colocá-lo em ação ... por conseguinte, não é de modo algum o saber que constitui aqui a finalidade última, mas antes a arte de utilizar o saber.[4]

Tudo isso envolve, como veremos,[5] não somente uma redefinição do saber, mas ainda uma determinação da maneira de adquirir o saber. Essa maneira irá opor-se totalmente à da educação que ainda praticamos atualmente e que, fazendo imediatamente do saber uma finalidade, confina a utilização prática de nossa razão à aplicação de nossos conhecimentos teóricos. Mas não foi unicamente a concepção comum da educação que foi revolvida, foi a coerência da educação nova que se arrisca a ser posta em questão. Se se deve preparar o aluno para a ação efetiva no mundo sensível, e assim torná-lo capaz de perseguir as metas que se propõe, não iríamos, por isso mesmo, fortificar com seu poder de escolha os meios de realizar as decisões desse último? Com isso, não fazemos exatamente o contrário do que foi indicado anteriormente, e que consistia, pela disciplina do arbítrio, em restringir os poderes de nosso ser sensível? Não se trata apenas, aqui, de atribuir um lugar à sensibilidade e ao Eu empírico. Tal lugar não lhe foi nunca recusado, e nem Kant nem Fichte tiveram a intenção de conceber a existência do homem como a de um puro espírito. A lei moral interdita apenas a intenção de situar o nosso Eu empírico como princípio determinante da ação. Possuo então, moralmente, a

---

3. Cf. adiante, "Tradução do segundo 'Discurso à nação alemã'", p. 109.
4. Fichte, "Plan déductif d'un établissement d'enseignement...", 1979, p. 170.
5. Cf. adiante, "A visão de conjunto de Fichte".

EDUCAÇÃO E LIBERDADE   45

permissão – e isso é mesmo frequentemente necessário[6] – de ocupar-me de meu ser empírico; o fundamental é não agir tomando este último como fim. "Comei e bebei pela glória de Deus",[7] escreverá Fichte, e não para os prazeres sensíveis ocasionados por esses pendores naturais. Nossa sensibilidade poderia, assim, coexistir com a lei moral, de modo que a vontade, ao permitir a satisfação das necessidades da sensibilidade, permaneceria indiferente a tal satisfação. Esse era o ditame negativo, resultante diretamente da lei moral e relativo a nosso Eu empírico. Ora, nós iremos agora trabalhar com um desenvolvimento positivo dos poderes de nosso Eu empírico. Esse desenvolvimento positivo é requerido com o objetivo de dotar a intenção moral de um poder efetivo; não haveria de fato nenhum sentido em favorecer o desenvolvimento da vontade boa se esta devesse continuar impotente.[8] Nessa medida, não é suficiente submeter a sensibilidade, ou a determinação do livre-arbítrio pela sensibilidade, ao rigor da vontade. É preciso que a sensibilidade possa garantir o exercício de uma liberdade moral efetiva: "Não basta que a sensibilidade não seja mais senhora, é preciso ainda que ela seja serva, e serva hábil e capaz; é preciso que seja útil".[9] Depois de se ter tornado possível, por uma educação moral negativa, a emergência da vontade boa, é preciso imediatamente, por uma educação que, se não for imediatamente moral, seja em todo caso positiva, conferir um poder a essa vontade e tornar o homem concreto, veículo da lei moral, apto a perseguir os fins da liberdade. Esse segundo momento constitui o que Fichte denomina, desde as *Considerações*, a cultura da sensibilidade. Desse ponto de vista, o fato de que tenhamos podido, em um primeiro momento da educação, restringir os poderes da sensibilidade não contradiz o fortalecimento de nosso Eu empírico. Porém, importa em seu mais alto grau, para que esse segundo momento não vá de encontro ao primeiro, que os aproximemos um do outro. Nesse sentido, a cultura da sensibilidade, longe de contradizer a disciplina e a coerção, vem em troca trazer-lhes uma justificação

---

6. Cf. Kant, *Critique de la raison pratique*, 1949, p. 99.
7. Fichte, *Le système de l'éthique*, 1986, p. 207.
8. Cf. Fichte, *Considérations sur la Révolution française*, 1974, cap. 1, p. 115.
9. Idem, ibid., p. 114.

complementar. Com efeito, para que a educação positiva de minha sensibilidade, exigida para a realização efetiva da lei moral, não se constitua em obstáculo para a observância desta última, é preciso, se não reforçar, pelo menos manter a restrição de meu poder de escolha e subordinar estreitamente meu poder empírico à lei. Sob tal condição, não surge mais como contraditório preconizar, depois da disciplina e da coerção, uma educação que desenvolva "*todas* as disposições naturais no homem"[10] (o grifo é nosso).

É justamente não perdendo de vista essa subordinação dos poderes sensíveis à lei moral que nos encontramos na melhor situação para compreender a definição kantiana da cultura. Contudo, quando nos voltamos para o enunciado dessa definição no parágrafo 83 da *Crítica da faculdade de juízo*, a reivindicação educativa de um desenvolvimento de todas as disposições naturais no homem não é mais justificável com tanta facilidade. Ali, as disposições naturais do homem são efetivamente consideradas como incoerentes,[11] e precisamos explicar tal incoerência. É fato comprovado que todo indivíduo almeja imediatamente seu bem--estar. Ora, aquilo mesmo que diferencia o homem do animal, que lhe parecia um auxílio nessa demanda e que, uma vez desenvolvido, afirma-se antes como instância prática, a razão, de repente coloca--se em oposição ao encontro desse célebre bem-estar. A razão, desde suas primeiras manifestações, longe de ser imediatamente útil à satisfação da sensibilidade, gera "artificialmente desejos, não unicamente sem fundamentos estabelecidos em um instinto natural, mas até em oposição a este".[12] De fato, a razão, por sua posição superior na hierarquia das faculdades, não se relaciona diretamente com os objetos. Ela se apresenta como um poder ordenador que classifica, graças às "ideias", não os objetos, já que isso é tarefa da intelecção e de seus conceitos, mas os próprios conceitos. Logo, ela está mais distanciada de cada objeto particular da satisfação dos prazeres sensíveis que a intelecção. Além disso, a razão empreende tal classificação graças a uma exigência que só é satisfeita com a

---

10. Kant, *Réflexions sur l'éducation*, 1980, p. 75.
11. Kant, *Critique de la faculté de juger*, 1979, § 83, p. 241.
12. Kant, "Conjectures sur les débuts de l'histoire humaine", 1972b, p. 113.

EDUCAÇÃO E LIBERDADE   47

certeza de ter classificado a totalidade absoluta daquilo que ordena. É sob a influência da razão – que buscará totalizar, para reconduzi-las à unidade, todas as séries de satisfações possíveis – que a imaginação consegue representar o bem-estar como totalidade problemática dessas satisfações para si. Mas a representação do bem--estar, construída desse modo, não pode ser concluída nunca, tanto pela infinita variedade das satisfações empíricas – que requereria a onisciência – quanto pelas contradições entre essas mesmas satisfações particulares; a riqueza acarretando preocupações, a saúde, restrições[13] etc. O bem-estar está, então, condenado a ser apenas, como diz Kant, um conceito flutuante, ou movediço, ou seja, um conceito imperfeito, de limites indetermináveis e de unidade improvável. Tão somente a tentativa de reunir em uma totalidade as satisfações possíveis pode explicar que ainda creiamos nele. Essa tentativa, se for de fato originária da sensibilidade e da imaginação, só pode ser, em sua intenção ordenadora e totalizante, empreendida pela razão. É nesse sentido que Kant afirmava, nos *Fundamentos da metafísica dos costumes*, "se em um ser dotado de razão e de vontade a natureza objetivasse especialmente sua conservação e seu bem-estar, resumindo, sua felicidade, ter-se-ia aparelhado muito mal ao escolher a razão da criatura como executante de sua intenção".[14] O instinto, sem mais, poderia ter sido suficiente para a demanda do bem-estar sensível. A incoerência das disposições naturais do homem explica-se então pela justaposição neste último da razão e da sensibilidade.

Mas não existe, aqui, nenhuma incoerência, senão se a razão precisar ser posta a serviço da sensibilidade. Não se pode falar, então, de incoerência, a não ser que procuremos utilizar, entre nossas disposições naturais, a razão para satisfazer tão somente nossas tendências, elas mesmas naturais. A demonstração dessa incoerência incita-nos então a considerar, na busca de uma desti-nação que não natural para a razão, a questão das finalidades da existência humana na natureza. É através do exame dessa questão das finalidades que a definição kantiana da cultura será deduzida.

---

13. Kant, *Fondements...*, 1950a, p. 132.
14. Idem, ibid., p. 90-1.

48   LUC VINCENTI

Então, qual poderá ser a finalidade do homem na natureza? Sendo o homem o único a possuir "uma faculdade de propor-se finalidades de modo arbitrário",[15] parece de início evidente que o homem tem, ele mesmo, naturalmente como finalidade submeter para seus próprios fins o conjunto da natureza, e assim utilizá-la como meio. Desse ponto de vista, com o conjunto da natureza a seu serviço, o homem constituiria o último elo da cadeia dos seres, um servindo de meio para a existência do outro, e outro para um terceiro etc. Assim, o homem seria finalidade última (*letzter Zweck*) da natureza. Porém, se permanecermos, por observações empíricas, no domínio natural, poderemos igualmente afirmar o contrário. Do mesmo modo que Kant[16] nos faz notar, citando Linné, que os herbívoros poderiam existir para limitar o desenvolvimento do reino vegetal, os carnívoros para limitar o dos herbívoros, e o homem, limitando o dos carnívoros, para restabelecer um certo equilíbrio; "do mesmo modo, o homem, se bem que pudesse sob determinado ponto de vista ser digno de ser considerado como fim, possuiria sob outro ponto de vista apenas o caráter de meio".[17] Kant chega, então, à conclusão de que, do ponto de vista da natureza, não podemos isolar uma verdadeira finalidade última (*letzter Zweck*). Precisaríamos, então, adotar um outro ponto de vista e nos subtrairmos do encadeamento dos seres naturais. Não pode de fato haver verdadeira finalidade última da natureza senão se tal finalidade for absolutamente última, "e não pressuponha nenhuma outra como condição de sua possibilidade".[18] Passamos então do conceito de finalidade última (*letzter Zweck*) para o de meta final (*Endzweck*). Não podemos ver no homem uma finalidade última da natureza senão determinando-o ele mesmo como meta final da natureza, "isto é, sob a condição de que ele saiba e tenha vontade de estabelecer entre ela e ele uma relação final de modo a que ela seja independente da natureza".[19] Precisamos, pois, de antemão, isolar na natureza uma finalidade que não possa nunca ser meio, em outras

---

15. Kant, op. cit., 1979, § 83, p. 241.
16. Idem, ibid., § 82.
17. Idem, ibid., p. 238.
18. Idem, ibid., § 84.
19. Idem, ibid., § 83, p. 241.

palavras, uma "finalidade em si". Ora, a lei moral, graças à qual eu me reconheço enquanto sujeito livre, impõe-me que respeite tal liberdade em qualquer outro sujeito. Assim, aquilo que me permite definir a humanidade é também, simultaneamente, aquilo que me leva a respeitar em qualquer outro membro da humanidade o que o define como tal: sua liberdade. Respeitar a liberdade do outro significa que não devo utilizá-lo para meus próprios fins e nunca considerá-lo, enquanto membro da humanidade, simplesmente como meio. A fórmula do imperativo categórico que, nos *Fundamentos da metafísica dos costumes*,[20] prescreve tal coisa baseia--se, então, no reconhecimento da humanidade como finalidade em si. Eu posso e devo até, enquanto ser moral, colocar-me como fim, e isso sem de modo algum considerar minhas relações com os outros seres na natureza. Podemos, então, a partir da lei moral, ver no homem uma meta final (*Endzweck*) e, em consequência, colocá-lo legitimamente como finalidade última (*letzter Zweck*) da natureza.

Resta que, se o homem deve ser finalidade última da natureza, deve também, de algum modo, ser uma finalidade última pela natureza, devendo esta, pela inscrição no homem de determinadas disposições, prepará-lo para cumprir sua função. Se o homem fosse pressentido de início como finalidade última da natureza, seria enquanto único ser natural capaz de propor-se finalidades de modo arbitrário. Essa capacidade de propor-se finalidades poderia, então, constituir a finalidade última da natureza em relação à espécie humana. Mas isso não deve dizer respeito a nenhum dos fins imediatamente perseguidos, pois, se assim fosse, uma vez que estamos aqui no domínio da natureza, nós recairíamos em uma felicidade para cuja busca nossas disposições naturais nos preparam muito mal. Mas, já que a finalidade última reside, contudo, justa-mente nessa capacidade de se propor finalidades, não podemos abandoná-la. Precisamos, então, considerá-la independente de qualquer conteúdo, de qualquer matéria, de qualquer satisfação particular. E assim como na filosofia prática, da qual podíamos

---

20. P. 150-1: "Aja de tal modo que trates a humanidade tão bem em tua pessoa quanto na pessoa de qualquer outro, sempre simultaneamente como um fim e nunca simplesmente como meio".

50   LUC VINCENTI

extrair a lei moral reencontrando a simples forma legislativa depois de ter abandonado os objetos de valor, resta-nos aqui, em um domínio antropológico, depois de ter abandonado o conteúdo dos fins naturais, a simples aptidão a, em geral, propor-se finalidades. É isso que o homem deve procurar desenvolver em sua relação com a natureza, e é isso que constitui a definição kantiana da cultura: "Produzir em um ser razoável a aptidão geral para os fins que o agradem (por consequência, em sua liberdade) é a cultura".[21]

Precisamos acentuar bem que, se a cultura constitui a finalidade última da espécie humana na natureza, sua definição só pode ser produzida a partir da posição do homem como finalidade última (*letzter Zweck*). Ora, essa mesma posição não seria possível senão sob a condição de que se pudesse ver no homem, independentemente de sua destinação natural, uma meta final (*Endzweck*). E à medida que a posição do homem como meta final efetua-se pela lei moral, a cultura é justamente aqui subordinada à moral. A definição kantiana de cultura pode, assim, apaziguar os temores que formulamos no início deste capítulo, uma vez que o reforço dos poderes do Eu empírico surge, desde sua dedução, condicionado pela moralidade. E essa subordinação não é somente lógica, ela incita Kant a transformar a disciplina em parte integrante da cultura.[22] O aumento de nossa liberdade concreta é, então, imediatamente contrabalançado por essa cultura "negativa" que é a disciplina, visando libertar a vontade do despotismo dos desejos. Como o explicita igualmente Fichte, não se deve, então, pensar, ao cultivar o homem, em fornecer à sensibilidade "novas armas contra a razão".[23] Cultura e disciplina estão indissoluvelmente unidas. Essa orientação fornecida ao desenvolvimento de nossa liberdade concreta é tanto mais necessária que a própria definição de cultura, privilegiando a atitude geral em detrimento dos fins, e, não levando em conta nenhuma finalidade particular, poderia ser aplicada a quaisquer finalidades, sejam ou não morais. A habili-

---

21. Kant, op. cit., 1979, § 83, p. 241. Poder-se-ia traduzir igualmente *beliebigen Zwecken* por "quaisquer finalidades".
22. Idem, ibid., p. 242.
23. Fichte, op. cit., 1974, p. 115.

EDUCAÇÃO E LIBERDADE   51

dade,[24] cujo desenvolvimento é inerente à definição da cultura, é de fato totalmente indiferente à moralidade. Quando os *Fundamentos da metafísica dos costumes* apresentam os imperativos da habilidade, situam-nos nos imperativos hipotéticos, ou seja, nos imperativos que só comandam esta ou aquela ação se perseguimos esta ou aquela finalidade. A necessidade da ação é aqui prescrita tão somente em função de sua eficácia; "que a finalidade seja razoável e boa, não é absolutamente disso que se trata aqui, mas unicamente daquilo que é preciso fazer para alcançá-la".[25] O desenvolvimento da habilidade, se constitui de fato uma educação positiva, uma vez que é capaz de atingir imediatamente no aluno o fim desejado, não é, então, de nenhum modo uma educação moral, nem positiva, nem negativa. Não é mais que uma parte, entre outras, da educação, fornecendo ao aluno o meio de perseguir seus fins. Fichte, que parece contudo mais dirigista que Kant, retoma igualmente essa integração da habilidade na educação moral.

É dessa forma que a cultura, apresentada inicialmente nas *Considerações sobre a Revolução Francesa*[26] como "o exercício de todas as faculdades visando à liberdade absoluta", encontra-se, na primeira das *Conferências sobre o destino do sábio*,[27] totalmente definida como habilidade. A habilidade, agora entendida em sentido amplo, abrange simultaneamente as duas fases da isenção do Eu difundidas nas *Considerações*[28] – submissão, depois cultura da sensibilidade – e as duas faces da cultura kantiana – negativa: a disciplina; e positiva: a habilidade em sentido restrito. Nesse ponto há apenas distinções de palavras. No mesmo sentido que Kant, Fichte designa simultaneamente a cultura como finalidade última[29] (*letzter Zweck*) do homem enquanto ser sensível e como meio supremo para alcançar o objetivo final (*Endzweck*) do homem enquanto ser igual-

---

24. "Principale condition subjective de l'aptitude à la réalisation des fins en général", Kant, op. cit., 1979, § 83, p. 242.
25. Kant, op. cit., 1950a, p. 126.
26. P. 113-4.
27. P. 41.
28. P. 114.
29. Primeira das *Conférences sur la destination du savant*: "finalidade derradeira", na tradução das Editions Vrin, p. 41.

52 LUC VINCENTI

mente racional. Esse objetivo final do homem não é outra coisa senão a realização do que permitiria ver no próprio homem um objetivo final, a concretização da lei moral. Não devemos, então, permanecer na cultura e desenvolver a habilidade por ela mesma; o que justifica a presença da habilidade na educação moral é também o que a limita, indicando-lhe sua finalidade, mencionada na terceira das *Conferências sobre o destino do sábio*:[30] a total submissão da natureza à razão. E, aqui, trata-se da razão em sua forma mais elevada, a razão prática moralmente legisladora. A cultura da habilidade, como o lembra, entre muitas obras de Kant, a *Crítica da faculdade de juízo*,[31] pode igualmente desenvolver-se graças às desigualdades, aos conflitos e às guerras. O choque dos interesses egoístas acabará sem dúvida produzindo uma comunidade, senão moral, pelo menos legal, garantindo assim a paz entre os homens. Mas, uma vez que se assevera que somos capazes, por nossa organização racional, "de conduzir mais rapidamente à chegada esta era tão feliz para nossos descendentes",[32] impõe-se-nos que não cultivemos a habilidade senão por e para o desenvolvimento da razão. Então, se era tão importante descobrir o que a natureza colocou em nós para fazer do homem uma finalidade última, é principalmente porque desse modo entendemos "o que a natureza pode realizar para prepará-lo para o que ele próprio precisa fazer para ser um objetivo final e separá-lo de todos os outros fins cuja possibilidade baseia-se em condições que só podemos esperar da natureza".[33] Através de um desenvolvimento da habilidade integrado a uma educação moral, a natureza oferece-nos então o meio para ultrapassá-la e submetê-la totalmente aos fins da liberdade autêntica. Com o objetivo de entender melhor essa integração, precisamos agora obter uma visão clara de um plano de conjunto da educação. Porém, a leitura das *Reflexões sobre a educação*, nesse aspecto, apresenta sérias dificuldades, como iremos perceber no capítulo que se segue.

---

30. P. 59.
31. P. 242-3.
32. Kant, "Idée d'une histoire universelle...", 1972, p. 41.
33. Kant, op. cit., 1979, § 83, p. 241 (tradução de *Endzweck* retificada).

COERÊNCIA DA CLASSIFICAÇÃO KANTIANA

Agora, faz-se necessário, mais não fosse que em razão dos cruzamentos que já surgem entre a disciplina e a cultura, divisar claramente um plano de conjunto da educação. Ora, como antecipamos, uma simples leitura das *Reflexões sobre a educação* quase nada ajuda nessa tarefa. De fato, encontra-se ali não menos que uma dezena de classificações possíveis, sem considerar a educação religiosa, tratada separadamente, e a influência sobre essas classificações da forma, pública ou privada, conferida à educação. Para nossa felicidade, as quatro primeiras indicações[34] desse plano de conjunto podem sobrepor-se com facilidade. Nelas, reencontramos quatro elementos: os cuidados, que devemos dispensar à criança, a disciplina, já nossa conhecida, a instrução, que a última definição[35] nos permite sobrepor à cultura (*Kultur*), e a formação, que surge aqui como classe intermediária nesse primeiro plano. Logo, teríamos como primeira visão de conjunto da educação, de um lado, os cuidados, de outro, uma subdivisão que poderia representar a parte propriamente formadora, abrangendo, como educação negativa, a disciplina e, como educação positiva, a instrução e a cultura. É ainda possível conservar essa primeira visão de conjunto com as duas definições seguintes.[36] Aqui, a disciplina é mantida no mesmo nível de classificação que a cultura, mas a determinação desta última é mais precisa: diz-se agora que ela procura a habilidade e recobre a instrução. Essa ênfase da cultura na classificação é também o que nos permite integrar um elemento novo: a prudência, adaptação do homem à sociedade, determinada como "uma certa forma de cultura chamada civilização".[37] Além dos três elementos apresentados, a disciplina, a cultura e a prudência, a moralidade surge como um quarto elemento distinto, não se integrando imediatamente a nenhum dos precedentes. Desse modo teríamos:

---

34. Kant, op. cit., 1980, p. 69, 71, 72 e 74.
35. Cf. idem, ibid., p. 74: "... quer se trate da disciplina ou da cultura (pois podemos designar assim a instrução)".
36. Idem, ibid., p. 82 e 85.
37. Idem, ibid., p. 82.

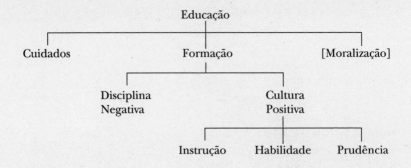

Outras definições posteriores[38] confirmam o conjunto desse recorte, dividindo inicialmente a educação em cuidados e formação (*Bildung*).[39] Esta última, por sua vez, é dividida em instrução e em "conduta", classe que poderia assemelhar-se à habilidade e à prudência, uma vez que "consiste em guiar na aplicação daquilo que foi ensinado". Notemos, contudo, por um lado, que a classe "conduta" não será retomada posteriormente e, por outro, que a moralização não está presente nesse último recorte. Essas duas observações, com a importância crescente da cultura, já nos indicam que os transtornos futuros virão do lado direito de nosso quadro, o da ação.

Os verdadeiros problemas surgem com as indicações que se seguem[40] e que introduzem duas novas categorias, a educação física e a educação prática, cuja efetivação permanecerá variável. A educação física fica inicialmente restrita ao "trato" (*Verpflegung*), que estava, desde o primeiro parágrafo das *Reflexões sobre a educação*, incluído nos cuidados. Essa primeira categoria não nos coloca de pronto nenhuma dificuldade. A educação prática, denominada "prática ou moral", é aquela "pela qual o homem deve ser formado (*gebildet*)[41] a fim de que ele possa viver como um ser que age livremente". Ela abrange uma formação relativa à habilidade, uma

---

38. Kant, op. cit., 1980, p. 85.
39. Traduzido por *culture* nas Editions Vrin.
40. Kant, op. cit., 1980, p. 89.
41. Traduzido, p. 89, por *cultivé*, o que poderia induzir a uma confusão entre *Bildung* e *Kultur*.

formação pragmática,[42] e uma formação moral. Reencontraríamos, assim, sob a grande categoria de educação prática, não o conjunto da formação de nosso quadro precedente, mas tão somente o que era antes qualificado como "conduta" (a habilidade e a prudência), acrescentando-lhe a moralização. É bastante evidente que não podemos parar por aqui, uma vez que não temos mais, nesse momento, nem a disciplina, nem a instrução. Contudo, se é lícito pensar que a habilidade pressupõe a instrução, e que esta estaria aqui implícita, não podemos pensar o mesmo em relação à disciplina. Além disso, a formação moral, aqui inclusa na educação prática, preserva entretanto um estatuto muito particular. Efetivamente, não lhe é atribuído ensinamento, ao contrário da cultura pragmática, que tem um pedagogo (*Hofmeister*, mentor), e da cultura da habilidade, que tem um preceptor.[43] Essa nova classificação, dividindo a educação em física e prática, torna-se mais consistente quando Kant atribui[44] a disciplina à educação "física". Poderíamos, então, ser tentados a sintetizar essa nova classificação com nosso quadro precedente, visto que desenvolvimentos relativos manifestamente à disciplina são ordenados sob uma formação negativa.[45] Assim, a educação física englobaria os cuidados e a disciplina, que foi igualmente qualificada como formação negativa no quadro precedente. Poder-se-ia imaginar que a educação prática abrangeria o que, da instrução à moralização, representasse, juntamente com a formação positiva e a cultura, todo o restante da educação.

Tanto pior, apenas algumas linhas adiante,[46] a cultura é determinada como parte positiva da educação física. Encontramo-nos, nesse ponto, no cerne de dificuldades aparentemente intransponíveis e que colocam em xeque toda a coerência não somente do

---

42. O "pragmático" diz respeito à prudência, à qual retornaremos mais adiante.
43. Nós preferiríamos traduzir *Informator* das páginas 85 e 89 pelo mesmo termo, e não por preceptor, p. 85, e professor, p. 89. O *Informator* da página 85, estando ligado à instrução, justificaria que pudéssemos ver esta última referida aqui de modo implícito.
44. Kant, op. cit., 1980, p. 101.
45. Idem, ibid., p. 103.
46. Idem, ibid.

texto, o que poderia ser explicado, já que ele reúne notas de vários anos de aulas, mas principalmente do pensamento kantiano. De fato, Kant indica-nos inicialmente uma divisão da educação física e prática, em seguida uma determinação da educação prática que, abrangendo a habilidade, a prudência e um preceptor fornecendo instrução, diz respeito manifestamente à cultura. Ora, esta última está agora inclusa na educação física. Isso, então, fica parecendo demasiadamente incompreensível. Contudo, à própria medida que a situação da cultura é o foco de nossas dificuldades, e se levarmos em conta seu estatuto ambíguo estudado no capítulo anterior, torna-se possível, então, restaurar a coerência dessas classificações contraditórias. De fato, a cultura é ambígua, já que ela pode ou bem designar o homem enquanto ser natural, e então a cultura é a finalidade última da natureza em relação à espécie humana, ou bem visar a finalidade do homem enquanto sujeito moral. Nesse caso, a cultura deve preparar-nos, com o auxílio da natureza, para ultrapassar esta última a fim de que o homem afirme-se como meta final (*Endzweck*). Certamente, não podemos ser de fato finalidade última da natureza, a menos que nos coloquemos nós mesmos como meta final. Mas é ainda verdade que a habilidade, principal parte da cultura, pode ser desenvolvida por si própria sem almejar de imediato a moralidade, e então é possível, mesmo se não desejável, cultivar no homem apenas o ser natural. Daí, precisamos assinalar, enquanto correlato da ênfase da cultura em uma classificação da educação, um outro movimento que diz respeito à extensão da educação física. Essa extensão é também explicável por uma ambiguidade, desta vez de ordem linguística. A educação física não denomina apenas e simplesmente nosso físico, por exemplo, nosso corpo, mas ainda, com referência à *physis* dos gregos, a totalidade da natureza. A cultura, podendo por sua vez designar, em certo sentido, apenas o desenvolvimento das disposições do homem enquanto ser natural, faz com que seja possível incluí-la na educação "física". Todas as consequências dessa passagem da cultura para a educação física só vão aparecer claramente com a possibilidade de restringir a educação prática à moralidade. Tal interpretação vê-se confirmada pela extensão considerável da cultura quando esta toma o lugar do conjunto da educação, sendo ela própria, enquanto cultura (*Kultur*), dividida em física e prática: "A cultura física deve ser diferenciada da cultura prática, que é ou pragmática ou moral".[47] Logo, a cultura não designa mais apenas a parte positiva da educação física, mas o conjunto desta, integrando a disciplina e reintegrando-se assim à definição de cultura formulada na *Crítica da faculdade de juízo*.[48] Existe aqui, exatamente, em dois movimentos que se fundem um no outro, ênfase do nível da cultura na classificação e extensão do físico no sentido explicitado antes. A cultura chega até a ultrapassar a educação física, abrangendo quase toda a educação. Contudo, a moral conserva ainda um estatuto particular como moralização, diversa[49] do desenvolvimento da cultura (*Kultivierung*). E a extensão da educação física é tamanha que ela chega a incluir a cultura da alma, "que de uma certa maneira podemos ainda denominar física".[50]

De que forma denominar físico o que diz respeito à alma? Tal questão traduz um espanto que se pode, ao menos uma vez com razão, qualificar como cartesiano. A distinção substancial entre a alma e o corpo, entre o pensamento e a matéria, ou antes, em termos cartesianos, entre o pensamento e a extensão, não possui mais, de modo algum, na filosofia kantiana a posição fundamental que lhe era conferida por Descartes. A filosofia kantiana, interrogando-se sobre as condições de possibilidade de nosso conhecimento, vai por vezes ao ponto de tomar o contrapé de Descartes, entre outros nos "Paralogismos da razão pura",[51] cuja síntese poderia, parafraseando contraditoriamente Descartes, formular-se desta forma: a alma é menos propícia ao conhecimento que o corpo. De fato, Kant recusa ao sujeito pensante a possibilidade de se pensar no próprio momento em que o poderia, ou seja, quando se pensa. A unidade de um "eu penso" é requisitada muitas vezes, uma vez que constitui o polo que me permite, ao organizá-los, construir minhas representações e sintetizar os fenômenos. Porém,

---

47. Kant, op. cit., 1980, p. 109.
48. Cf. antes, p. 50.
49. Kant, op. cit., 1980, p. 109, mas iremos encontrar posteriormente a expressão "cultura moral", p. 124.
50. Idem, ibid., p. 109.
51. Kant, *Critique de la raison pure*, 1950, "Dialectique transcendantale".

esse "eu penso", justamente porque é condição de todas as minhas representações, não pode ser ele mesmo pensado imediatamente em sua atividade. Para tal, precisaríamos de uma "intuição intelectual", de um pensamento que seria imediatamente relacionado com seu objeto e que poderia pensar-se ele mesmo igualmente de imediato, enquanto pensamento pensante. Ora, essa intuição intelectual é recusada pela problemática kantiana. O pensamento não se dá imediatamente nenhum objeto, e tudo o que para nós é objeto advém ao pensamento pela mediação da intuição sensível que estrutura os fenômenos sob as formas do espaço e do tempo. Quando eu me penso, torno-me para mim mesmo objeto, e não é a unidade transcendental do "eu penso" que eu apreendo, mas, graças à reflexão, a imagem de mim mesmo que me é oferecida por meu "sentido interno", ou seja, minha intuição sensível dirigida para os fenômenos interiores, pensamentos e representações. Em termos fichteanos, poderíamos dizer que temos então, em Kant, uma intuição do sujeito "intuicionado", mas não uma intuição do sujeito "intuicionante". Nessa medida, se for sempre bastante evidente que a alma se distingue do corpo, isto passa agora a significar "que seres pensantes não podem nunca, como tais, apresentarem-se a nós em meio a fenômenos exteriores".[52] Logo, a distinção entre a alma e o corpo não é mais, como em Descartes, uma distinção radical entre duas substâncias, mas uma distinção radical entre dois tipos de fenômenos, os do sentido externo, que se nos apresentam no tempo e no espaço, e os do sentido interno, que se nos apresentam apenas no tempo. Sob esse ponto de vista, se procurássemos acentuar a originalidade da problemática kantiana, poderíamos até dizer, em um primeiro momento, que "a alma toda, e absolutamente, mesmo no pensamento, transformar-se-ia em fenômeno".[53] De fato, enquanto a conhecemos por intuição sensível, a alma obedece às mesmas leis do corpo, leis sem as quais não poderíamos conceber um mundo e cujo conjunto estruturado chama-se natureza. Compreendemos, assim, de que modo podemos fundar filosoficamente a inscrição da cultura da alma

---

52. Kant, op. cit., 1950, "Paralogismes", 1. ed., p. 289.
53. Kant, op. cit., 1950, "Paralogismes", 2. ed., p. 320.

EDUCAÇÃO E LIBERDADE 59

na educação "física", a ruptura clássica entre a alma e o corpo achando-se, por um lado, integrada ao conjunto da natureza e fundida em uma distinção entre fenômenos do sentido interno e fenômenos do sentido externo. Mas isso é apenas em parte verdadeiro, pois de um ponto de vista diferente, do ponto de vista que justamente nos preocupa em matéria de educação, o da lei moral, podemos atribuir à alma uma existência diversa da fenomenal. Existe, de fato, pela consciência dessa lei em nós, "uma espontaneidade pela qual nossa realidade seria determinável, sem que para isso tivéssemos necessidade das condições da intuição empírica";[54] o preceito moral constitui a consciência de si do sujeito moral. Se a ruptura entre a alma e o corpo é, então, num primeiro momento, fundida na natureza pela filosofia kantiana, é igualmente, num segundo momento, deslocada, e se posiciona na ruptura mais elevada entre a natureza e a liberdade. Tudo isso é levado em consideração nas *Reflexões sobre a educação*. É exatamente após ter realçado a existência de uma cultura física da alma que Kant precisa: "Deve-se distinguir natureza e liberdade. Fornecer leis à liberdade é coisa bem diferente de formar (*bilden*) a natureza". Em razão dessa ruptura entre natureza e liberdade preferimos preservar um estatuto particular para a moralidade, se bem que isso nem sempre seja tão claro no texto de Kant, que nos convida quer a isolar a moralização não lhe atribuindo professor ou distinguindo-a da cultura,[55] quer a integrar a moral em uma cultura prática, empregando a expressão "cultura moral" para a formação do caráter.[56] Essa flutuação terminológica parece-nos repousar na ambiguidade do "prático", podendo designar, antes do rigor da *Crítica da razão prática*, tudo que se relaciona com a razão humana e requer, assim, uma certa forma de liberdade, mas podendo igualmente restringir-se à razão prática em sentido estrito, ou seja, moral, que se opõe a uma simples razão teórica aplicada. Há, de fato, como o ressalta a *Crítica da faculdade de juízo*,[57] princípios práticos "tecnicamente" e princípios práticos "moralmente". Logo, podemos abarcar na

---

54. Idem, ibid., p. 323.
55. Kant, op. cit., 1980, respectivamente p. 85 e 109.
56. Idem, ibid., p. 124.
57. Introdução, p. 22.

educação prática em sentido amplo[58] tanto a habilidade e a prudência quanto a moralidade. Todavia, objetivando respeitar a ruptura fundamental entre natureza e liberdade, assim como as indicações precedentes, figuraremos a moralidade como o efeito conjunto de uma cultura prática e de uma moralização diferenciada da cultura propriamente dita. Levando em conta a extensão da cultura e a ambiguidade do "prático", teríamos então como síntese das classificações possíveis:

Se a instrução visa à habilidade, não é só porque supõe, como veremos no capítulo que se segue, uma participação ativa do aluno e obriga este ao exercício de sua habilidade para a aquisição de conhecimentos, é inclusive porque, do mesmo modo que em Fichte, o domínio dos conhecimentos obtém seu valor da finalidade perseguida: o agir livre. Nesse sentido, não se trata de acumular conhecimentos, mas de fortalecer as faculdades intelectuais do aluno visando torná-lo ele mesmo capaz de utilizá-las. Isso nos explica por que desenvolvimentos concernentes à educação do corpo figuram como prelúdio para a educação intelectual. De fato, é por meio de uma cultura da sensibilidade que se desperta a razão, e isso nada tem de espantoso tendo em vista as numerosas passagens que as *Reflexões sobre a educação* tomam de empréstimo a Rousseau. Este fundava a razão "intelectual ou humana" sobre uma

---

58. Da qual Kant ressalta o recorte, p. 132, das *Réflexions sur l'éducation.*

EDUCAÇÃO E LIBERDADE *61*

razão "sensitiva ou pueril",[59] que é a única a ser desenvolvida em Emílio até a idade de doze anos. Se não se trata, no racionalismo kantiano, de fundar a razão sobre os sentidos, é, em contrapartida, questão de afiar nosso julgamento pela experiência e, o que é uma herança direta de Rousseau, de respeitar a especificidade da infância. Uma vez que nossa intelecção "segue inicialmente as impressões dos sentidos",[60] começaremos, então, por estas últimas. Porém, diversamente de Rousseau, não serão jamais cultivadas as faculdades inferiores (sensibilidade, imaginação, memória...) em si mesmas; dever-se-ão cultivar sempre tais faculdades "em vista das superiores".[61] As faculdades superiores são a intelecção, poder dos conceitos, definida nas *Reflexões sobre a educação* como "o conhecimento do universal", o julgamento, "a aplicação do universal ao particular", e a razão, faculdade dos princípios, permitindo "reter a ligação do universal com o particular".[62] Estando assim hierarquizado, o desenvolvimento das faculdades superiores deveria, então, tomar ele mesmo como finalidade a razão, e esta a forma mais alta de razão, a razão prática moralmente legisladora. Teríamos, assim, uma visão global do plano de educação kantiano.

Persistem contudo numerosas imprecisões, às vezes irredutíveis. Algumas delas se ligam apenas à história do texto kantiano que, abrangendo as aulas de pedagogia oferecidas de 1776 a 1787, estende-se do período pré-crítico até a redação da *Crítica da razão prática*. Provavelmente é esse o caso da ambiguidade de "prático" que havíamos assinalado. Outras imprecisões ainda podem ser reduzidas, e é, por exemplo, o caso de uma passagem que, se fosse tomada como um recorte da educação, solaparia nossa classificação precedente. No quadro do desenvolvimento das faculdades intelectuais, Kant apresenta de fato a "cultura geral das faculdades do espírito"[63] dividindo-a em física e moral. A cultura prática poderia, sem contrassenso teórico maior, ser incluída na cultura física; a única oposição entre o físico e o moral acentuaria, então,

---

59. Rousseau, "Emile", II, 1969, p. 417.
60. Kant, op. cit., 1980, p. 113.
61. Idem, ibid., p. 112.
62. Idem, ibid., p. 113.
63. Idem, ibid., p. 117.

62   LUC VINCENTI

a influência da ruptura fundamental entre natureza e liberdade. Nós pensamos, entretanto, que não se trata com isso de um recorte dos registros da educação, mas, tal como indica a numeração dos parágrafos, de uma divisão mais ampla entre a "cultura geral das faculdades do espírito" e a "cultura particular" dessas mesmas faculdades. Se a cultura particular designa de fato registros da educação, correspondendo à cultura física positiva, a cultura geral dividida em física e moral designa antes, em conformação com o anúncio dessa divisão, a forma, a maneira (*die Art*) segundo a qual o ensino é concedido. Haveria ali, então, categorias transversais que não dividem a educação em diferentes matérias. Ensinar-se-ia de maneira "física", utilizando a disciplina sem que a criança pudesse conhecer as máximas de suas ações. E então seria moral tudo o que se aplicasse para se levar o aluno a tomar consciência das máximas de sua atividade para orientá-lo finalmente para o bem. Ver categorias transversais nesse último recorte permite-nos, certamente, que conservemos nossa classificação anterior; mas isso nos indica principalmente que a moralidade, se ela é fim da educação, não deve, por isso, ser buscada senão ao final desta última. É no decorrer de todo o processo educativo que se deve suscitar a moralidade do aluno. Se a moralização não é atribuída nem a um educador específico, nem a uma idade precisamente determinada, não é só porque não se pode agir moralmente senão por si mesmo, é igualmente porque a incitação ao respeito do dever é o que, estruturando o conjunto da educação, justifica-a por completo.

> A cultura moral, à medida que repousa em princípios que o homem deve ele próprio assumir, é a mais tardia; mas, à medida que repousa unicamente na intelecção comum, precisa ser observada desde o início, mesmo na educação física, pois, se for de outro modo, os defeitos lançariam facilmente raízes, de forma que toda arte educativa operaria em vão contra eles na sequência.[64]

A subordinação da educação à moralidade, que era requerida no capítulo precedente para orientar a habilidade para o bem, torna-se mais imperiosa à medida que vamos descobrindo o conteúdo

---

64. Kant, op. cit., 1980, p. 90.

EDUCAÇÃO E LIBERDADE 63

dessa educação. Por exemplo, preconizar o desenvolvimento da prudência tornar-se-ia incompreensível se ela não devesse ser subordinada à moral; não se trataria, em matéria de prudência, de tornar-se "oculto e impenetrável", a fim de poder "usar homens para nossos próprios fins"?[65] Kant chega até mesmo a recomendar a dissimulação, certamente precisando em seguida que ela não passa de um meio desesperado. Ao invés de uma educação moral negativa, teríamos então, aqui, uma educação positiva para a imoralidade. Afortunadamente, e porque a prudência é definida como uma habilidade aplicada ao homem, pode-se afastar o espectro da imoralidade, que é igualmente o da inumanidade, empregando o mesmo argumento que nos permitira, no capítulo anterior, integrar a habilidade em uma educação moral. Ser prudente não consiste efetivamente em utilizar o outro apenas para nosso bel-prazer, mas antes para nossa meta final (*Endzweck*).[66] Ora, já demonstramos que uma meta final é indissociável da posição do homem como sujeito moral. A prudência, pela qual o homem adquire um valor público enquanto cidadão, poderia desde já ser entendida não somente como o que permite ao sujeito moral sobreviver em uma sociedade imoral, mas sobretudo como o que permitiria a esse sujeito orientar uma constituição política que facilitasse o advento da moralidade. Ainda aqui, a moralidade surge como indispensável se quisermos desenvolver todas as disposições da natureza humana, orientando-as para o bem. Ela é, então, a pedra angular de um plano de educação, no sentido de que não se poderia empreender racionalmente a construção de um tal edifício se não se estivesse seguro de poder finalmente instalá-la.

A VISÃO DE CONJUNTO DE FICHTE

Fichte toma para si a responsabilidade de um plano de conjunto da educação, mas não se trata mais de uma simples situação dos diferentes registros da educação, uns em relação aos outros. De

---

65. Idem, ibid., p. 132.
66. Idem, ibid., p. 82: "Recorrer a todos os homens visando seus fins essenciais (*Endzwecken*)".

64   LUC VINCENTI

acordo com a exigência de um sistema que organiza a construção de sua filosofia, será antes o caso de isolar as leis que estruturam o desenvolvimento da educação, subordinando-o a seu princípio: a afirmação autônoma do aluno como sujeito. A busca dessas leis aproximará nossa filosofia, muito antes da elaboração da Doutrina da ciência,[67] das inovações pedagógicas e sobretudo de Pestalozzi, cuja influência irá crescer até a redação dos *Discursos à nação alemã*. Este último estava de fato ligado à busca das leis do desenvolvimento do espírito humano, e viu-se censurado em relação a isso por ter utilizado um termo francês cujo sentido não dominava, por ter desejado "mecanizar" a educação.[68] Tratava-se, então, no pensamento de Pestalozzi, tão somente de descobrir tais leis com a finalidade de aplicá-las em seu método pedagógico. Encontra-se nesse método, sob a influência de Rousseau, o necessário enraizamento da educação na intuição sensível, a estruturação precoce da percepção através de uma familiarização com as figuras geométricas elementares e o desenvolvimento de uma atividade própria do aluno. O interesse de Fichte por Pestalozzi reside certamente na meta perseguida por essa educação que visa à autonomia do aluno. Esse acesso à autonomia, exatamente porque compromete o aluno no desenvolvimento da intuição de sua própria atividade, representa para Fichte a intenção de uma egoidade, da constituição de um Eu, e de uma afirmação do homem como sujeito moral. E se essa autonomia não abrange imediatamente no pedagogo senão um sentido social, até mesmo econômico, ela se acha contudo formulada em termos que podem aproximá-la de uma definição filosófica do sujeito: "Tudo o que sou, tudo o que quero e tudo o que devo provém de mim mesmo", escrevia Pestalozzi em suas cartas sobre a educação do ano de 1801.[69] Todavia, os exercícios preconizados por Pestalozzi abrangem numerosas repetições, às vezes palavras incompreensíveis para as crianças, e dependem muito, portanto, de uma mecanização, em sentido estrito, da aprendizagem. Fichte vai recusar isso em nome de uma educação para a liberdade que

---

67. Desde os *Pensées au hasard d'une nuit d'insomnie*, de 1788.
68. Cf. Pestalozzi, *Comment Gertrude instruit ses enfants*, 1985, primeira carta.
69. Idem, ibid., p. 112.

requer a compreensão, pelo aluno, de sua atividade. O encontro dos dois homens, durante o inverno de 1793-1794, não irá converter nenhum ao pensamento do outro. Assim, Pestalozzi vê-se curiosamente gratificado, tanto no nono *Discurso à nação alemã* quanto no segundo dos *Diálogos patrióticos*, uma vez que, ao ser apresentado como o promotor da educação nova e a encarnação da "alma alemã", só é garantido em seus princípios, dos quais Fichte não lhe atribui nem a clara consciência, e continua muito criticado em suas realizações. Existe pelo menos um ponto no qual os dois homens parecem concordar: é sobre o importante estatuto do trabalho. Sem dúvida, Fichte censura várias vezes Pestalozzi por ter-se preocupado exclusivamente com as classes desfavorecidas, ao passo que em uma educação que se quer nacional todas as classes sociais devem estar submetidas ao mesmo tipo de ensino, e os príncipes deveriam então ser, como seus súditos, iniciados ao trabalho. Fichte, depois de Kant,[70] acentua fortemente a necessidade do trabalho manual; a reunião da instrução e do trabalho é apresentada como "uma das exigências mais importantes desta nova educação nacional".[71]

Por essa inscrição do trabalho na educação, reencontramos certamente a necessária cultura da habilidade, examinada nos capítulos precedentes com relação à finalidade de uma educação moral. Mas a necessidade da agricultura, da criação de animais, da fiação,[72] parece inicialmente, assim como em Pestalozzi, ser fundada apenas de um ponto de vista econômico, sem ser imediatamente requerida pela finalidade moral da educação. Entretanto, o trabalho e a aprendizagem de um ofício recebem em Fichte uma justificação superior à da cultura kantiana da habilidade, e não vêm mais tão somente fortalecer os poderes de nosso Eu empírico. Eles prefiguram, propiciando à pequena comunidade educativa viver em autarquia, a autonomia política de uma futura nação. Participam, assim, igualmente da construção da liberdade efetiva do aluno, edificando sua independência pessoal. Poder bastar-se a si

---

70. Kant, op. cit., 1980, p. 110.
71. Fichte, op. cit., 1981a, p. 208.
72. Idem, ibid., p. 209-10.

66 LUC VINCENTI

mesmo já representava em *Emílio* uma indispensável condição não somente da liberdade, mas também da honestidade de todo cidadão. Mas não se trata apenas, em Fichte, dos deveres sociais do cidadão. Se, do ponto de vista da comunidade humana, "é vergonhoso ser devedor de seus meios de existência a outra coisa que não seu trabalho",[73] os deveres sociais do cidadão não são, em si mesmos, a finalidade de uma educação moral. É como condição da independência moral do sujeito, simultaneamente ilustrada e praticamente comprometida pela independência econômica, que o trabalho e a cultura da habilidade se veem profundamente justificados. A independência pessoal condiciona a independência moral "muito mais do que em geral acreditamos".[74] A integração do trabalho manual na educação moral surge aí apenas como ainda mais necessário.

Além disso, o trabalho manual é, enquanto tal, a oportunidade de melhor dominar os conhecimentos adquiridos de outro ponto de vista, colocando-os em prática. Logo, tais trabalhos não devem ter nada de mecânico, e, a fim de que sejam parte integrante da educação, o ensino deve aproveitar-se dessas situações para "permitir aos alunos que entendam o princípio dos trabalhos aos quais se dedicam".[75] De sorte que será não apenas possível formar excelentes operários, mas participar-se-á imediatamente também, por essa formação, da finalidade da educação, que consiste, como o citávamos,[76] na utilização dos conhecimentos. Encontra-se assim, de fato, a finalidade perseguida pela cultura kantiana da habilidade, propiciando ao aluno os meios para agir efetivamente no mundo. Mas descobre-se igualmente que a subordinação da aprendizagem à utilização de suas aquisições para agir livremente orienta a reflexão filosófica rumo a indicações pedagógicas precisas. Com efeito, para garantir ao aluno o domínio de suas aquisições em vista de um agir livre, é preciso nunca separar essas mesmas aquisições de seus fundamentos, assim como dos meios que as propiciam. Em um ensino de dominante técnica, essa necessidade é descoberta

---

73. Fichte, op. cit., 1981a, p. 209.
74. Idem, ibid.
75. Idem, ibid., p. 210.
76. No início de "A cultura".

EDUCAÇÃO E LIBERDADE   67

na exigência de uma relação entre a aquisição de uma prática e os conhecimentos teóricos que permitem ao aluno entender sua atividade e, portanto, apropriar-se dela, dominando-a. É a mesma necessidade que, em um ensino teórico, funda a condenação de toda aprendizagem mecânica dos conhecimentos. De fato, o que resulta de uma tal aprendizagem "não é penetrado por uma consciência clara e livre, e não é igualmente nossa aquisição sólida, continuamente mobilizável".[77] Logo, prossegue Fichte, contra essa aprendizagem mecânica de utilidade incerta é preciso que tudo o que aprendermos seja entendido "com a consciência clara do fato de que adquirimos o conhecimento de forma ativa, e com a consciência das regras dessa atividade de aquisição". Fichte funda, aqui, mais profundamente do que jamais tinham sido, todos os métodos pedagógicos que fazem da atividade do aluno uma condição da aprendizagem. A partir dessa fundação, são deduzidas as indicações pedagógicas que repõem em causa o estatuto clássico do ensino, proibindo a este último reproduzir um saber e repetir-lhe as conclusões. Ele não cumpriria desse modo sua função, já que, assim, o aluno não poderia mais construir, por sua própria atividade, os conhecimentos a serem adquiridos. Logo, trata-se, para o ensino, de fornecer não o saber, mas os meios para aceder a este último, a matéria que permite adquiri-lo. Ele deve, em seguida, dirigir a atividade do aluno "de modo que a relação pedagógica recíproca constitua uma conversa ininterrupta".[78] Tais indicações pedagógicas já podiam ser deduzidas da própria natureza do saber. De fato, como o realçávamos em nossa introdução, não se pode estar seguro da verdade de um conhecimento senão remetendo-o a seus fundamentos, e não se pode, então, adquirir um verdadeiro conhecimento senão se tal aquisição unir-se à pesquisa que permite deduzir esse conhecimento a partir de seus fundamentos. A história da filosofia afina-se para reunir indissoluvelmente o saber e suas condições de produção, o conhecimento e o caminho pelo qual tal conhecimento pôde ser deduzido. Fichte não se singulariza de modo algum ao afirmar que "sabe-se a fundo e sem risco de esquecimento somente

---

77. Fichte, op. cit., 1979, § 5, p. 170.
78. Idem, ibid., § 7, p. 172.

68 LUC VINCENTI

aquilo que se sabe como foi alcançado".[79] O característico da filosofia fichteana da educação situa-se antes na justificação superior dessas indicações pedagógicas, justificação profundamente enraizada na Doutrina da ciência, que faz do saber um ato de liberdade. Se é importante, então, considerar a atividade do aluno como o único meio de adquirir um verdadeiro conhecimento, é justamente porque tal atividade de produção dos conhecimentos repousa fundamentalmente na atividade livre do sujeito. É participando da construção da consciência de si que o conhecimento integra-se totalmente no processo educativo.

Compreendemos, então, o estatuto ambíguo do conhecimento teórico, frequentemente apresentado como o principal conteúdo do ensino e, contudo, subordinado à finalidade da educação. Parte maior da educação positiva, o conhecimento é, de fato, condição de acesso à autonomia moral efetiva. Como o precisa o parágrafo 18 de *O sistema da ética*, é enquanto ser racional que sou capaz de conhecer a lei moral, e, desse ponto de vista, devo cultivar por ela mesma minha razão teórica. Como não posso nunca, ao cultivar minha razão, veículo da lei moral, opor-me a essa lei, não pode, então, haver restrição relativa ao conteúdo do conhecimento a ser desenvolvido. Entretanto, "a autonomia (moralidade) é nossa finalidade mais elevada. O conhecimento teórico deve, então, estar formalmente subordinado ao dever. É preciso que o conhecimento de meu dever seja a finalidade de todo meu conhecimento, de todo meu pensamento e de toda minha procura".[80]

Juntamente com o conhecimento teórico e a cultura da habilidade, o conjunto da educação continua, então, subordinado à moralidade e à afirmação do aluno como sujeito livre consciente de si próprio. Mais: essa subordinação não vem de modo algum restringir o desabrochar do aluno, seja em sua intensidade, quanto aos graus desse desabrochar, seja em sua amplitude, quanto aos aspectos desenvolvidos. Fica de imediato claro que tal subordinação não pode restringir o desabrochar do aluno em sua intensidade, pois, como toda aquisição requer a atividade livre do aluno,

---

79. Fichte, op. cit., 1979, § 5, p. 171.
80. Fichte, op. cit., 1986, § 18, p. 208.

EDUCAÇÃO E LIBERDADE   69

este se envolve ele mesmo no processo educativo e só pode envolver-
-se voluntariamente, no mais alto grau, rumo ao desenvolvimento
de sua própria natureza. Se em uma educação como essa, como o
afirma Fichte de modo aparentemente otimista, o aluno aprende
facilmente e com alegria,[81] é justamente porque se encoraja sua
atividade livre, porque ele vê aumentar sempre seu domínio e
sua autonomia, e se lhe permite assim descobrir-se como sujeito,
construindo-se ativamente como tal. O interesse do aluno, e mesmo
o interesse mais fundamental,[82] o que se dirige a ele mesmo, só
pode ser estimulado por essa educação que visa precisamente a
afirmação desse "ele mesmo", ligando a atividade livre do aluno
a todas suas aquisições. Além disso, a subordinação do conjunto
da educação à moralidade não pode restringir o desabrochar
do aluno em sua amplitude. A educação moral assim entendida,
longe de desenvolver apenas uma parte da natureza humana,
é, pelo contrário, a única a tornar possível o desenvolvimento
harmonioso de todas as disposições naturais do homem. Sem a
subordinação desse desenvolvimento à razão prática, recairíamos
efetivamente na incoerência dessas disposições naturais, tal como
denunciava Kant.[83] Arriscaríamos até, abandonando o ponto de
vista da razão prática, a não poder mais definir a natureza de um
homem dividido pela oposição entre a satisfação imediata de uma
sensibilidade e o desenvolvimento de sua razão. Permitindo-nos
construir um conceito sintético da natureza humana e desenvolver
o conjunto das disposições naturais do homem, a moralidade é
igualmente o caminho pelo qual a educação pode definitivamente
diferenciar-se do adestramento. Ela nos permite de fato educar
efetivamente um homem para ele mesmo e não para outro, não
somente fornecendo-nos um conceito claro desse "ele mesmo",
mas ainda identificando a natureza humana com a afirmação
do homem como sujeito. Sob esse ponto de vista – toda empresa
educativa devendo, como tal, tomar como finalidade o desabrochar
da natureza humana – não poderia, então, educar o homem senão
educando-o moralmente.

---

81. Cf. adiante, "Tradução do segundo 'Discurso...'", p. 107.
82. Cf. Fichte, "Première introduction à la doctrine de la science", 1980b, p. 252.
83. Cf. antes, p. 46, 47.

EDUCAÇÃO E NATUREZA HUMANA

> É no fundo da educação que jaz o grande
> segredo da perfeição da natureza humana.
>
> Kant, *Reflexões sobre a educação*, p. 74.

RETOMADA DA TRADIÇÃO FILOSÓFICA

As conclusões de nosso capítulo precedente poderiam parecer
mais que peremptórias e quase perigosas. Que significa de fato esse
apelo à natureza humana? Será que possuímos dele pelo menos
um conceito claro? Não temos nunca definição de uma educação
moral positiva que pudesse efetivamente limitar a coerção;
a parte inegável da disciplina não corre o risco de aumentar
indefinidamente? Ao definir a natureza humana pela moralidade,
e ao tomar esta última como finalidade de toda educação, não
estaríamos arriscando justificar uma prática educativa que se
assemelharia finalmente a uma empresa de adestramento, sob o
disfarce de impor pela disciplina uma moralidade não obstante
estranha no estágio atual da humanidade? Se fosse isso, teríamos
afundado num dos vícios teóricos denunciados pela *Crítica da razão
pura*, o da "razão invertida", ou *perversa ratio*. Esse vício consiste em
considerar como já existente a finalidade para a qual se tende, e

agir imediatamente em consequência. No contexto da *Crítica da razão pura*, tal vício era denunciado em relação a uma unidade final da natureza, repousando em Deus. A razão teórica deve, para seu próprio desenvolvimento, supor essa unidade final a fim de instigar sua busca e descobrir efetivamente determinadas ligações finais particulares, como por exemplo as relações de meio e fim entre diferentes espécies animais. Se a razão teórica não se limita mais a supor subjetivamente, para seu próprio uso, a existência dessa unidade final, mas chega a colocá-la objetivamente, ela imporia então "fins à natureza, de maneira violenta e ditatorial, em vez de procurá-los, como o convém, pela via da investigação física".[1] Muito longe de poder assim prosseguir suas pesquisas, considerando metodicamente a natureza, ela se perderia por sua presunção. Esse vício é ainda mais perigoso, praticamente, em matéria de educação, em que a estrita definição de uma forma de liberdade acarreta imediatamente o acionamento dos meios para realizá-la. A imposição ditatorial desses meios destruiria, assim, a liberdade pretensamente perseguida. O desafio de nosso terceiro capítulo consistirá em refutar essa formidável objeção, aproximando--nos o mais possível da educação moral positiva. Aqui, seremos paradoxalmente salvos pelos limites que circunscrevem nosso poder de conhecer. A razão teórica afundava na *perversa ratio* postulando a existência de um Deus do qual não podia, legitimamente, senão formar-se a ideia, a fim de instigar e regular sua pesquisa. Do mesmo modo, a razão educativa não pode tornar-se ditatorial senão supondo a existência de uma natureza humana que não se pode, contudo, legitimamente definir e praticamente atingir senão no final da educação. Será o caso, então, de demonstrar isso. Em termos kantianos, poderíamos dizer que a natureza humana não deve ser um princípio constitutivo da educação, e não deve então determinar positivamente uma existência, mas deve permanecer um princípio regulador, a ideia de uma natureza humana limitando--se a orientar a prática pedagógica para a construção dessa natureza humana da qual se pode, então, esperar apenas a chegada ao termo da ação educativa.

---

1. Kant, *Critique de la raison pure*, 1950, p. 479.

EDUCAÇÃO E LIBERDADE   73

Precisamos de imediato entender que a natureza humana está de fato a ser construída, e que ela não nos é, então, simplesmente dada. Com essa finalidade, podemos apoiar-nos em uma longa tradição filosófica que concorda em distinguir, no seio da natureza, o animal e o homem, acentuando a indigência das disposições naturais deste último. Já Platão apontava, em um mito esclarecedor,[2] a situação singular do homem enquanto ser natural. Os deuses haviam encarregado dois irmãos, Prometeu e Epimeteu, de repartir os diferentes meios de sobrevivência entre as criaturas. Epimeteu desejou livrar-se dessa tarefa, mas, como o escreve Platão, não era muito atento, e quando Prometeu foi avaliar o trabalho de seu irmão percebeu que o homem havia sido esquecido. Determinados animais tinham recebido a força, outros armas, e os mais fracos a velocidade que lhes permitia fugir; apenas o homem nada tinha para sobreviver. Prometeu precisou, então, para compensar o esquecimento de seu irmão, furtar dos deuses, além das técnicas e do fogo, a arte de utilizá-los. É de pronto, por uma disposição sobrenatural, que o homem, enquanto ser natural, irá poder sobreviver. Além disso, tal disposição técnica consiste em transformar a natureza para utilizá-la. Não é somente graças a um dom sobrenatural que a existência humana torna-se possível; é preciso ainda que o homem confirme sempre, pela concretização de sua disposição técnica, o que o distingue da natureza, permitindo-lhe servir-se dela. Não é absolutamente considerando a natureza que se poderia buscar definir uma natureza humana. Mais próximo de nossos dois filósofos, Rousseau retomará com intensidade no *Emílio*[3] essa imperícia do homem ao nascimento. Desde o *Discurso sobre a desigualdade*, Rousseau via no homem, "assim como deve ter saído das mãos da natureza", "um animal menos forte que uns, menos ágil que outros, mas, afinal de contas, organizado de um modo mais vantajoso que todos".[4] Qual então essa vantagem que o homem possuiria apesar da – até mesmo – própria indigência de suas disposições? Atendo-se tão somente

---

2. Platão, *Protagoras*, 1960, 320d, 321d.
3. Livro I, p. 247.
4. Rousseau, "Discours sur ... les hommes", 1966, p. 135.

74 LUC VINCENTI

às propriedades biológicas do corpo humano, percebe-se já que, por não ser naturalmente destinado a nenhuma vida particular, o homem é susceptível de adaptar-se a todas as situações, talvez por poder alimentar-se indiferentemente de carne ou de fruta. Além do mais, o homem não faz mais que se adaptar à diversidade das circunstâncias naturais. Adapta-se a ela cada vez melhor e, por essa adaptação, o homem aperfeiçoa-se. A perfectibilidade é, com a liberdade, o que em Rousseau diferencia o homem de um animal que é, "ao fim de poucos meses, o que será pela vida toda, e sua espécie, ao fim de mil anos, o que fora no primeiro ano desses mil anos".[5]

O homem é perfectível, é capaz, em certas circunstâncias, de aprender o que lhe falta; é, então, educável. Essa capacidade de aprender vem compensar a fragilidade, a indigência e a estupidez de uma criatura privada de instinto: "Tudo o que não temos ao nosso nascimento e de que temos necessidade quando adultos é-nos dado pela educação".[6] Logo, não é mais graças a um dom sobrenatural que o homem pode sobreviver, mas desenvolvendo sua capacidade de adaptação ao meio natural, capacidade que se torna, pela agricultura e pela metalurgia, uma capacidade de transformar a natureza, adaptando-a aos fins propriamente humanos. Kant, leitor atento de *Emílio*, retomará esta problemática desde a primeira frase das *Reflexões sobre a educação*, afirmando que "o homem é a única criatura que deve ser educada". Porém, a educação não vem apenas, na filosofia kantiana, compensar a deficiência do instinto e dissimular a indigência física. Ela se torna uma oportunidade para a espécie humana, justamente porque a coage a construir ela mesma sua própria existência. Se Kant retoma, e às vezes de modo preciso, a tradição filosófica inaugurada por Platão,[7] tal tradição é desviada para uma direção moral. Não tornando fácil a vida para a espécie humana, de fato, tudo se passa

---

5. Rousseau, op. cit., 1966, p. 142.
6. Rousseau, "Emile", I, 1969, p. 247.
7. Cf. Kant, "Idée d'une histoire universelle...", 1972, terceira proposição: a natureza não tendo dado ao homem "nem os chifres do touro, nem as garras do leão, nem as presas do cão".

EDUCAÇÃO E LIBERDADE   75

como se a natureza "houvesse atribuído mais importância no homem à estima racional de si que ao bem-estar".[8] Assim como o precisa o título da terceira proposição da "Ideia de uma história universal", tirar inteiramente de si mesmo os meios de sua existência leva o homem a não poder gratificar-se senão através de seus próprios esforços e a não obter satisfação senão exercendo o que o distingue do animal: a razão. Essa satisfação, que não é devida senão à razão, incitará o homem a satisfazer-se não mais somente graças à razão, mas também imediatamente a satisfazer-se da própria razão. Essa incitação natural ao desenvolvimento da razão torna-se, nas *Reflexões sobre a educação*, um convite divino para agir de maneira responsável. De fato, é pela utilização de sua razão que o homem descobre "um poder de escolher por sua própria conta sua conduta individual, e de não estar ligado, como os outros animais, a uma conduta única".[9] O exercício desse poder, que não é mais que um livre-arbítrio, transfigura o desfecho físico em uma independência que, quanto a ela, prefigura a autonomia da vontade moral da qual o livre-arbítrio é a manifestação. Então, não é mais a natureza, mas a Providência, que "quis que o homem fosse obrigado a extrair o bem de si próprio".[10] Assim – à medida que o exercício dessa liberdade, que permite que a espécie humana exista, é igualmente o que a distingue das outras espécies animais e até, pela moralidade, de toda natureza –, podemos perfeitamente prefigurar no exercício racional de nossa liberdade o caminho pelo qual uma definição, tanto lógica quanto real, da natureza humana tornar-se-ia possível. Reencontraríamos, então, uma vez que o exercício racional de nossa liberdade arremata-se na ação moral, uma identidade entre moralidade e natureza humana. Mas, uma vez que essa identidade só pode ser afirmada a partir de um processo educativo, seria evidentemente contraditório determinar a natureza humana independentemente desse processo. Não podemos, então, em nome de uma natureza humana definida *a priori*, impor – de modo ditatorial – fins à educação, rebaixando-a a uma

---

8. Idem, ibid., p. 30.
9. Kant, "Conjectures sur les débuts de l'histoire humaine", 1972b, p. 114.
10. Kant, *Réflexions sur l'éducation*, 1980, p. 77.

76　LUC VINCENTI

espécie de adestramento. Apenas um processo verdadeiramente educativo, que desenvolve todas as disposições do homem, torna possível uma definição da natureza humana. A filosofia kantiana da educação parece, então, jamais poder mergulhar na *perversa ratio*, ou avalizar qualquer prática pedagógica totalitária.

O mesmo aplica-se exatamente à educação fichteana, contrariamente às interpretações apressadas de que possa ter sido objeto. Fichte radicaliza a tradição filosófica que Kant desviara para a moralidade. Não encontramos nisso apenas o desfecho natural que distingue o homem do animal assim como a posição da educação como algo próprio do homem. Tais pontos são, no idealismo fichteano, sintetizados e comandados pela posição fundamental da consciência de si. É em razão de o homem dever ser consciência de si que ele deve existir por e para ele mesmo, que deve tornar-se o que quer e se sabe ser.

> Cada animal é o que é; apenas o homem, originalmente, não é coisíssima nenhuma. O que deve ser, é preciso que ele se torne; e, sendo dado que de qualquer modo ele deve ser um ser para si, é preciso que se o torne por si mesmo. A natureza arrematou todas as obras, unicamente para o homem ela não interferiu, e foi precisamente desse modo que confiou-o a si mesmo. A capacidade de ser formado, como tal, é a característica inerente à humanidade.[11]

Logo, a filosofia fichteana da educação talvez esteja, ainda mais que a kantiana, ao abrigo de qualquer tentação totalitária. Esse "ser para si" que deve tornar-se o homem refere-se certamente à definição filosófica do modo de ser da consciência. O "para si" da consciência opõe-se, então, ao "em si" das coisas cuja análise permite-nos descobrir todas as propriedades, decompondo-as. Se decompor um homem resultasse em aniquilá-lo fisicamente, não se poderia mais analisar logicamente as propriedades de uma consciência para buscar descobri-las "em" esta última. O ser para si da consciência significa, em um primeiro tempo, que a consciência possui as propriedades que ela se atribui. O ser para si não é

---

11. Fichte, *Fondements du droit naturel*, 1984, p. 95.

EDUCAÇÃO E LIBERDADE   77

mesmo senão essa propriedade de se atribuir suas próprias determinações. Desse ponto de vista, a consciência de si se faz e se forma, e não se pode isolar seu ser da atividade pela qual ela se coloca a si própria como consciência de si. Em um segundo tempo, e uma vez que se trata, aqui, de fundar filosoficamente uma oposição entre educação e adestramento, precisamos compreender que, em consequência da definição filosófica do ser para si, uma educação visando a consciência de si não pode em nenhum caso produzir o ser para outro, que definiria o adestramento. O ser para si da consciência, fundando a dedução fichteana da educação, condena assim, desde a raiz, qualquer empresa de adestramento. Além disso, quando fosse o caso mesmo de fazermos dessa consciência de si uma definição da natureza humana, não poderíamos nunca, a partir dessa natureza humana definida, impor violentamente fins à educação. Essa natureza humana é, de fato, como em Kant, produzida pelo processo educativo que ela não pode, então, determinar *a priori*. E, se se busca prefigurar a imagem do que poderia ser essa natureza humana efetivamente realizada, esta última surge constantemente ligada, segundo modalidades que iremos explicitar,[12] a um futuro indefinido. Assim como o evocam em várias oportunidades as *Conferências sobre a destinação do sábio*,[13] é ao longo de um caminho infinito que nos podemos aproximar do livre-domínio de tudo o que é destituído de razão: e esse fim último do homem deve permanecer "eternamente inacessível se o homem não deve deixar de ser um homem e tornar-se Deus". Não pode, então, jamais estar em causa, na filosofia fichteana, considerar essa natureza humana como existente, para impor em seguida, de maneira ditatorial, fins à educação. Mas, por ter distanciado assim o espectro do adestramento, não eliminamos todas as dificuldades. Ao deportarmos assim ao infinito uma natureza humana que a educação teria a responsabilidade de realizar, surgem problemas novos que a filosofia kantiana não poderá, sozinha, resolver.

---

12. Cf. adiante, "A concepção fichteana", p. 83.
13. Sobretudo a primeira Conferência, p. 42.

A LEITURA KANTIANA

A deportação da natureza humana para o infinito do processo educativo propiciava, na seção precedente, preservar a educação moral de qualquer acusação que a confundisse com uma empresa de adestramento. Mas isso não deve, em consequência, invalidar as conclusões de nosso segundo capítulo, e se não se pode esperar ver de fato realizada essa natureza humana, definida pela moralidade, senão ao infinito do processo educativo, ela não deve, menos ainda, guiar, pela forma do ensino, todo ato pedagógico. Encontramo-nos então diante de uma dupla necessidade, aparentemente contraditória: o educador deve simultaneamente compreender que não irá realizar efetivamente essa natureza moral do homem e, contudo, tê-la presente no espírito a fim de estruturar e orientar sua prática cotidiana. Nada existe nisso de estranho se nos voltamos para a definição kantiana de um ideal. O ideal designa, na *Crítica da razão pura*, a encarnação individual da ideia, totalmente determinada por esta única ideia. Ele se encontra, por esse ponto de vista, "ainda mais distanciado da realidade objetiva que a ideia",[14] que não tem ela mesma, imediatamente, relação senão com os conceitos, e não com os objetos.[15] Nesse sentido, o ideal é completamente ideal e não corresponde a qualquer realidade efetiva. Mas, seria entretanto falso, como o escreve Kant a respeito da sabedoria,[16] desprezar a posição de um ideal, afirmando com o senso comum que "não passa de uma ideia". Exatamente porque o ideal, totalmente determinado pela razão e apresentando uma perfeição, não pode ser encontrado na experiência é que ele pode, por isso mesmo, ser capaz de guiar a experiência rumo à realização dessa perfeição; "logo, a ideia prática é sempre profundamente fecunda e indispensavelmente necessária com relação às ações reais".[17] Kant aplica exatamente essa problemática originária da filosofia prática à educação, atribuindo como fim a esta última o aperfei-

---

14. Kant, op. cit., 1950, p. 413.
15. Cf. antes, p. 51.
16. Kant, op. cit., 1950, p. 270.
17. Idem, ibid.

çoamento da natureza humana.[18] Daí, para ser totalmente ideal, o ideal de uma natureza humana perfeitamente desenvolvida não tem, por isso, menos efeitos, certamente deficientes em relação ao ideal buscado, mas sempre guiados pela ideia dessa perfeição. O ideal continua sendo sempre em si mesmo irreal, e escapamos assim, ainda, ao perigo da "razão invertida", mas a realização desse ideal torna-se então possível, pelos encorajamentos que ele propicia.

Acontece que, ao situar o aperfeiçoamento da natureza humana no final de um processo educativo infinito, não somos por isso mais esclarecidos sobre as modalidades de sua realização. Muito pelo contrário, nós nos envolvemos em um impasse. De fato, "o homem só pode tornar-se homem pela educação. Ele é tão somente o que a educação faz dele";[19] isso foi claramente demonstrado ao apoiar-nos na indigência natural do homem e na definição da natureza humana como consciência moral de si. Porém, a educação em geral não designa aqui nada além de um processo no qual intervém um educador, também homem e, assim, ele mesmo educado. Daí que nossa esperança no aperfeiçoamento da natureza humana pela educação não poderia mais que se fundar em uma confiança na educação presente, ela mesma produzida pela educação anterior. A educação não poderia, então, tornar-se melhor senão sob a condição de já sê-la. Eis que, apesar de satisfazer-se de um *status quo*, assemelha-se muito ao círculo vicioso de uma petição ao príncipe. Além disso, não poderíamos mesmo mais esperar guiar-nos por um ideal da natureza humana, já que tal ideal, forjado por nossa razão, ela mesma educada, repousa inteiramente na educação. Logo, seria verdadeiramente "impossível saber até onde vão as disposições naturais do homem".[20]

> É por isso que a educação é o maior e o mais difícil problema que se pode propor ao homem. De fato, as luzes dependem da educação e, por sua vez, a educação depende das luzes.[21]

---

18. Kant, op. cit., 1980, p. 74-5.
19. Idem, ibid., p. 73.
20. Idem, ibid.
21. Idem, ibid., p. 77.

80   LUC VINCENTI

Considerando logicamente essa dificuldade, não há senão uma forma de solução, consistindo em romper esse círculo e em introduzir abruptamente, no aperfeiçoamento em devir da natureza humana, um educador imediatamente esclarecido por si próprio. Essa tentação está bem presente no texto kantiano, quando ele afirma: "Se tão somente um ser de uma natureza superior se encarregasse de nossa educação, veríamos então o que se pode fazer do homem".[22] Teríamos assim, simultaneamente, a possibilidade de relançar o processo educativo rumo a um real aperfeiçoamento da natureza humana e, graças a essa divina intervenção, a capacidade de formar-nos um ideal justo e preciso regulando a educação por vir. Kant, refutando em toda sua obra a intervenção divina imediata, não vai mais longe na exploração dessa via. Sugere-nos uma outra situação que, revestindo-se de uma forma lógica idêntica à da primeira, poderia fornecer-nos verdadeiras bases à nossa esperança. Nesse ponto, ainda seria o caso de romper o mesmo círculo, isolando um elemento esclarecendo-se a si próprio no processo educativo. Esse caminho abre-se pela confiança testemunhada por Kant na espécie humana, que seria capaz,[23] ao contrário do indivíduo, de levar a bom termo o aperfeiçoamento da natureza humana. Considerando a espécie humana em sua totalidade, preenchemos a primeira condição desse aperfeiçoamento, que é a de poder prosseguir ao infinito. A espécie possui, de fato, sob uma forma empírica, a imortalidade da qual o indivíduo educador não pode prevalecer-se. É à espécie, e não ao indivíduo, que era atribuída, na segunda proposição da "Ideia de uma história universal", a tarefa de desenvolver no homem as disposições naturais visando à utilização de sua razão. É, ainda, considerando o futuro de toda espécie que Kant afirmava, na *Teoria e prática*,[24] a perpetuidade de um progresso moral objetivo apoiando-se no "dever inato em todos os membros da sequência das gerações". Porém, a imortalidade empírica da espécie é apenas uma condição necessária e não suficiente; precisamos sempre romper

---

22. Kant, op. cit., 1980, p. 73.
23. Idem, ibid., p. 76.
24. P. 54.

EDUCAÇÃO E LIBERDADE   81

o círculo do educador educado. Ora, isso pode novamente operar--se abandonando-se o ponto de vista unicamente individual. De fato, Kant abordara um problema semelhante quando se tratava, na sexta proposição da "Ideia de uma história universal", de encontrar um mestre para o homem a fim de disciplinar sua tendência animal para o egoísmo.[25] A espécie não era até então designada senão como o lugar de onde inevitavelmente deveria provir tal mestre. Mas sendo este mestre ele mesmo um homem, e possuindo, por sua vez, uma tendência a disciplinar, recairíamos então em um círculo semelhante ao das *Reflexões sobre a educação*.

Todavia, as razões desse círculo, tal como são apresentadas no desenvolvimento da sexta proposição, indicam-nos uma solução, se não considerarmos mais a espécie humana de um ponto de vista quantitativo, mas do ponto de vista das relações que os indivíduos estabelecem necessariamente entre si. Se é tão difícil encontrar um homem que possa ser um mestre, é justamente porque o egoísmo, que dobra cada um sob si próprio, está naturalmente enraizado em cada indivíduo; "a madeira de que o homem é feito é tão nodosa que não podemos talhar nela vigas retas".[26] Ora, assim como é precisado na quinta proposição da mesma obra, existe, só pelo fato de viver em sociedade, um meio de endireitar essa curvatura que traduz o egoísmo natural, do mesmo modo que as árvores que, "pelo próprio fato de cada uma tentar arrebatar à outra o ar e o sol, combatem para ultrapassar umas às outras e, por consequência, crescem belas e retas".[27] Aqui, os antagonismos individuais produziriam sua própria destruição, senão nos corações, pelo menos nos costumes. As *Reflexões sobre a educação* retomam exatamente a mesma metáfora da madeira.[28] Não é mais então somente para acentuar o jogo das paixões contra si mesmas, mas para acentuar, preferindo que os príncipes sejam educados por um de seus súditos em detrimento de um de seus semelhantes, o feliz efeito das relações interindividuais em questão de educação. Isso nos leva a romper o círculo do educador educado, considerando

---

25. P. 34.
26. Kant, op. cit., 1972, sexta proposição, p. 35.
27. Idem, ibid., p. 34.
28. P. 80.

o aspecto público das relações inter-humanas e abandonando o ponto de vista unicamente individual – desde que o público enquanto tal possa efetivamente apresentar-se como esse lugar que se ilumina a si próprio e, assim, romper nosso círculo. O opúsculo respondendo à questão "Que são as luzes?", que exorta o homem a sair de sua minoridade e defende a liberdade de pensar, concorre para confirmar esse esboço de solução. Depois de ter mencionado as dificuldades de cada indivíduo para sair por si só de sua minoridade, Kant acentua: "porém, que um público ilumine-se a si próprio, retorne ainda mais para o domínio do possível, é inclusive, por menos liberdade que se lhe dê, mais ou menos inevitável".[29] Os benefícios extraídos de uma vida em contato com outras não se limitam mais, aqui, unicamente ao desvio das tendências egoístas; existe de fato uma educação positiva que desenvolve o uso da razão e que é imediatamente produzida pela vida em comunidade. Existe de fato uma cultura espontânea de cada indivíduo, uma vez em contato com outros. Fichte, em quem essa autoeducação do homem em comunidade surge como uma evidência,[30] irá decompor essa cultura espontânea em duas tendências,[31] tendência para a comunicação e tendência para receber, que levam cada indivíduo a aprender com o outro e, ao outro, aprender o que já pôde ser desenvolvido. Seria, então, perfeitamente legítimo ver na confiança kantiana na expressão pública da razão um caminho que permite romper o círculo do educador educado e resolver, através dele, as dificuldades encontradas ao colocar a natureza moral do homem como ideal infinitamente perseguido pela educação. Se bem que tal confiança kantiana manifeste-se por diversas vezes,[32] esse caminho não é suficientemente explorado por Kant para fornecer ao educador indicações efetivas a propósito do modo como incitar positivamente o advento da moralidade. Entretanto, um caminho foi aberto, situando essas indicações numa determinação das relações inter-humanas e, portanto, na ocorrência das relações

---

29. Kant, "...Qu'est-ce que les Lumières?", 1972a, p. 47.
30. Cf. adiante, "Tradução do segundo 'Discurso...'", p. 104.
31. Fichte, *Conférences...*, 1980, p. 58.
32. Sobretudo nas máximas do senso comum da *Critique de la faculté de juger*, 1979, § 40, e em *Qu'est-ce que s'orienter dans la pensée?*, 1976c, p. 86.

professor-aluno. Fichte, como veremos na parte que se segue, irá adotar essa via aproximando-se ao máximo do que poderia ser uma educação moral positiva.

A CONCEPÇÃO FICHTEANA

Deslocando a realização de uma natureza humana ideal ao infinito do processo educativo, a filosofia de Kant permitia-nos perfeitamente diferenciar de forma radical a educação de um adestramento, e um tal deslocamento ao infinito assevera-se, assim, necessário. Porém, tal concepção da educação, justamente porque desloca ao infinito o ideal regulador, abandona o educador a suas próprias luzes no referente à determinação de seus atos pedagógicos cotidianos. Por não ter desejado determinar de modo abrupto qualquer ato pedagógico segundo a finalidade que ele deve perseguir, a leitura humanista da educação deixava o educador ignorante da legitimidade e da adequação dos meios que lhe permitem perseguir uma tal finalidade. Apesar de aceitar a intervenção de um educador divino imediatamente iluminado, o pedagogo, educador educado, encontrando-se a si mesmo preso nesse aperfeiçoamento indefinido da educação, poderia apenas deter-se no *status quo*, esperando um melhoramento, ou tatear cegamente tentando ele mesmo melhorar sua prática cotidiana. Todavia, por sua confiança na expressão pública da razão, a filosofia kantiana já indicava um caminho permitindo romper nosso círculo do educador educado, círculo que confinava o pedagogo em suas próprias luzes. Será Fichte a determinar esse caminho aberto por Kant, situando precisamente o melhoramento da educação e o caminho que leva para a perfeição da natureza humana através de uma definição do que devem ser as relações interindividuais. Tal definição só diz respeito, aparentemente, às relações intersubjetivas em geral, e sua exposição mais clara não figura em uma obra dedicada à educação, mas nos *Fundamentos do direito natural*. Trata-se, entretanto, efetivamente de educação, uma vez que a definição fichteana do que devem ser as relações intersubjetivas se apresenta como uma condição *sine qua non* de acesso à consciência de si. Nós nos

84 LUC VINCENTI

situamos de fato numa perspectiva educativa: esse acesso à consciência de si constitui a realização da natureza humana e a afirmação do homem como sujeito. A solução fichteana para as dificuldades encontradas na leitura humanista de Kant irá nos permitir, então, definir o que deve ser qualquer ato pedagógico, oferecendo-nos o que parece ser, na primeira abordagem, apenas uma determinação formal das relações inter-humanas. Essa solução repousa sobre a célebre definição da educação:

> O apelo à livre-espontaneidade é o que denominamos educação. Todos os indivíduos devem necessariamente ser educados para serem homens, sem o que não se tornarão homens.[33]

Para falar com propriedade, não é a educação que, aqui, é definida como apelo à liberdade, mas o apelo que é definido como educação. É pela mediação de uma natureza ela mesma definida como consciência de si que chegaremos a essa caracterização da educação em uma obra *a priori* consagrada à filosofia do direito. Temos, efetivamente, dois pré-requisitos implícitos: em primeiro lugar, a ideia de que a natureza humana não nos é dada, mas que devemos aceder a ela, e que esse acesso constitui a educação. Esta última recebe de fato como tarefa, nos *Discursos à nação alemã*, formar não apenas "alguma coisa no homem", mas o "homem ele mesmo".[34] Em segundo lugar, o homem afirmando-se como sujeito, a natureza humana é identificada à consciência de si e à sua atividade livre. É justamente à medida que o acesso à natureza humana não é mais que um acesso à consciência de si, requerendo então o apelo para agir livremente, que a educação, definida como construção da natureza humana, deve necessariamente ser originária de um apelo para agir livremente. Logo, o ato pedagógico pode, assim, ser definido. Porém, que significa esse apelo para agir livremente? Não o podemos entender senão percorrendo a demonstração que permite a Fichte que deduza esse apelo, e para isso devemos remontar às premissas ontológicas da filosofia do direito.

---

33. Fichte, op. cit., 1984, p. 55.
34. Fichte, primeiro *Discours...*, p. 72.

EDUCAÇÃO E LIBERDADE   85

O método dedutivo da filosofia critica parte de um fato para determinar suas condições de possibilidades. A *Crítica da razão pura* parte do fato do conhecimento científico para determinar as condições de possibilidades de nosso conhecimento e atribuir-lhe limites. A *Crítica da razão prática* parte do fato da lei moral para analisar a estrutura da razão prática. Fichte, por sua vez, parte do fato da consciência de si, fato no qual se baseia o conjunto da Doutrina da ciência para dar à luz as condições de possibilidades. O que é então preciso para que uma simples consciência torne-se consciência de si? Tentemos, à maneira de Fichte, representar-nos a simples consciência como uma pura atividade, sem nenhuma outra determinação e sem nenhum substrato. Essa pura atividade não é ainda um Eu; para isso, ela precisaria tomar consciência de sua própria atividade e, assim, distinguir-se dela de um modo ou de outro, o que é impossível, já que no início nós colocamos tão somente uma pura atividade sem nenhuma outra determinação. Antes mesmo que essa pura atividade possa tomar consciência de si, precisa tomar consciência de alguma coisa em geral. É preciso, então, que uma coisa qualquer ocorra a essa atividade, e que essa coisa qualquer seja exterior à atividade pura, mesmo a encontrando. Temos, nesse ponto, o conceito do "choque", do qual o ensaio de 1794, sobre os princípios do conjunto da Doutrina da ciência, constituirá o ponto de partida da representação. Se podemos entender que existe nesse choque a condição de qualquer consciência de uma coisa qualquer, não temos ainda, aqui, a condição para uma consciência de si. Uma consciência de si deve, é claro, ser consciente dela mesma enquanto consciência de si; deve, então, ser consciente de sua própria atividade de consciência de si, que, como já o precisamos anteriormente,[35] consiste em colocar-se ela mesma e em dar-se livremente suas próprias determinações. A posição de uma consciência de si, do mesmo modo como a posição de um sujeito, implica uma consciência de sua liberdade. Daí, parece de fato que a condição mesma de toda consciência de uma coisa qualquer, em geral, opõe-se *a priori* à possibilidade de uma consciência de si. De fato, na consciência

---

35. Cf. antes, p. 76 e p. 35.

86 LUC VINCENTI

de alguma coisa em geral, a pura atividade do Eu, para tornar-se intuição de uma coisa qualquer, precisa ser interrompida, desviada, limitada pelo choque originário. A coisa qualquer surge assim para o sujeito "intuicionante" como real, como se existisse independentemente da atividade desse mesmo sujeito, e a apreensão de uma realidade encontra-se, então, ligada a um sentimento de coerção. Ora, no que diz respeito à consciência de si, não é mais o caso de ser consciente de um simples objeto, mas o objeto de consciência deve ser minha própria atividade livre. Parece então que eu não posso tornar-me consciente de minha liberdade e da espontaneidade de minha atividade, uma vez que a possibilidade mesma da consciência de uma coisa qualquer repousa na limitação de minha atividade, limitação que resulta em suprimir sua liberdade. Assim, precisaríamos, para aceder à consciência de si, colocar uma limitação de minha atividade, em um único e mesmo momento, junto com essa mesma atividade livre, oposta a toda limitação, visando por conseguinte suprimir ou transformar o objeto da consciência, por isso qualificada, por Fichte, como "causalidade exercida sobre os objetos".[36] A posição de uma consciência de si requer, assim, a síntese de dois momentos contraditórios, por um lado a posição da atividade livre do Eu, e por outro lado a posição dessa mesma atividade enquanto objeto de consciência:

> O que a síntese situa deve ser um objeto; mas o caráter do objeto, porque, na ocasião de sua apreensão, a atividade livre do sujeito é tida como impedida. Tal objeto deve, entretanto, ser uma causalidade do sujeito; mas o caráter de uma tal causalidade, porque a atividade do sujeito é absolutamente livre e determina-se a si própria. Nesse ponto, os dois elementos devem ser conciliados; os dois caracteres devem ser mantidos e não se deve deixar perder nenhum deles.[37]

Essa síntese, aparentemente contraditória, deve entretanto ser de fato realizada, já que ela é condição da consciência de si, da qual não podemos questionar a existência colocada como fundamento. Temos nisso a ilustração de uma pesquisa essencial da filosofia de

---

36. Fichte, op. cit., 1984, p. 35.
37. Idem, ibid., p. 48.

EDUCAÇÃO E LIBERDADE 87

Fichte que consiste, diante de uma contradição, não em contorná-la ou reduzi-la, mas em exacerbá-la para determinar qual deverá ser o novo termo que permitirá superá-la. A contradição presente é precisamente determinada pela oposição entre o choque – necessário como condição de toda consciência de uma coisa qualquer – e os efeitos do choque, já que ele deveria não limitar, mas colocar a atividade livre como tal. A síntese exigida seria absolutamente impossível se o "choque" devesse, ao mesmo tempo que surge na consciência, estimular sua atividade livre. Em contrapartida, pode-se perfeitamente conciliar um objeto de consciência com a atividade causal do sujeito, se este último admitir o conceito de sua causalidade livre "como qualquer coisa que deve estar no futuro".[38] Então, é justamente o apelo para agir livremente que é requerido como condição de existência da consciência de si.

Precisemos o que deve ser esse apelo examinando-o, logo de início, do ponto de vista da consciência convocada ou educada. A consciência convocada a agir livremente não deve ser, por esse apelo, submetida a uma necessidade qualquer de agir de tal ou tal maneira, caso em que não se trataria mais de liberdade. Por esse apelo, o sujeito só pode ser convidado a agir livremente, e o apelo deve então apresentar-se como "uma determinação do sujeito à autodeterminação".[39] Qualquer ação livre requerendo, anteriormente à sua realização, uma decisão voluntária e um conceito de finalidade faz com que eu não possa agir livremente senão tendo prévio conhecimento do que vou e quero fazer. Assim, o apelo deve visar à produção desse conhecimento na consciência convocada, e o conhecimento de uma atividade livre constitui, portanto, o seu conteúdo. Tudo isso nos ajuda a determinar o que deve ser a origem desse apelo. Essa origem, por sua vez, deve possuir, antes de tudo, um conceito de finalidade, uma vez que seu apelo é de- terminado como um meio de solicitar à consciência convocada que se transforme em consciência de si. Além disso, tal solicitação – termo pelo qual a tradução francesa da *Doutrina da ciência "nova methodo"* retomará o conceito de apelo – deve visar à aquisição de

---

38. Idem, ibid., p. 49.
39. Idem, ibid., p. 48.

88 LUC VINCENTI

um conhecimento pela consciência convocada. Ora, esse apelo esforça-se inutilmente para ser uma determinação particular do "choque" originário; a intenção de uma atividade livre a proíbe de utilizar com essa finalidade uma influência física imediata qualquer, que aniquilaria a liberdade visada. Nesse ponto, reencontraremos o fundamento ontológico do desprezo pelas punições físicas em educação. Não podendo – a origem do apelo – utilizar-se de nenhuma força natural para solicitar à consciência educada que adquira o conhecimento de sua atividade livre, é tão somente graças a um conhecimento, ele próprio possuído pela origem do apelo, que essa solicitação pode ocorrer. Fica claro, com isso, que a origem do apelo, detentora de um conhecimento da atividade livre e de um conceito de finalidade, pode ser apenas um outro ser racional.

Encontramo-nos, então, exatamente no centro, não só de simples relações interindividuais, mas de uma verdadeira intersubjetividade, uma vez que esse apelo para agir livremente não pode ocorrer senão entre dois seres livres agindo com conhecimento de causa. Certamente, no que diz respeito à consciência educada, parece que não podemos ainda falar de uma subjetividade total, uma vez que essa consciência está apenas começando a afirmar-se como sujeito. Todavia, sem procurar desde já justificar que a afirmação de uma consciência como sujeito só pode ser progressiva, podemos entretanto acentuar que ela só é possível se atribuirmos *a priori* à consciência educada a total capacidade de afirmar-se como sujeito e de agir livremente no futuro. De fato, não teria nenhum sentido querer educar alguém se não se tivesse como pressuposto a capacidade da consciência educada para entender e conceber esse famoso apelo. Se o apelo deve efetivamente emanar de um ser racional, ele deve então dirigir-se a um ser igualmente racional, ou pressuposto como tal a fim de que se torne um. Temos aqui o fundamento ontológico do postulado da razão educativa.[40] Tratava-se então de uma confiança na capacidade de cada um para afirmar-se como sujeito observando a lei moral, confiança que todo educador devia necessariamente pressupor. Tal postulado encontra-se aqui na forma de uma indispensável confiança na capacidade

---

40. Cf. antes, "A fundação de um caráter".

EDUCAÇÃO E LIBERDADE 89

da consciência convocada para compreender o apelo. Mas, além da única confirmação do postulado da razão educativa, chegamos, pela situação da relação pedagógica na intersubjetividade, a uma determinação essencial da educação como relação entre seres racionais reconhecendo-se imediatamente como tais.

É pela determinação da educação como relação recíproca que poderemos definitivamente romper o círculo kantiano do educador educado, determinando o ato pedagógico de acordo com sua finalidade. À medida que uma educação recíproca é possível, não existe mais, efetivamente, a necessidade de esperar a intervenção de um educador divino imediatamente iluminado por si próprio, e pode-se inscrever a realização da natureza humana na atualidade de cada relação pedagógica. Se a educação deve ser uma relação recíproca, ou, como o precisa a "Segunda introdução à Doutrina da ciência", "ação recíproca com o adolescente e não influência sobre ele",[41] é antes de tudo porque a reciprocidade é ela própria educativa. As consciências de si em relação não se limitam a reconhecer-se formalmente, elas constituem-se mutuamente ao permutarem o conhecimento como meio de construir a natureza humana, elas se educam reciprocamente.

> É unicamente a livre-ação recíproca com a ajuda de conceitos e segundo conceitos, unicamente o fato de dispensar e o de receber conhecimentos que forma o caráter próprio da humanidade, o único pelo qual cada pessoa confirma-se indiscutivelmente em sua humanidade.[42]

Torna-se, então, possível entender como as luzes poderiam brilhar unicamente da publicidade. Quando Fichte, a propósito de uma origem da espécie humana, parece unir-se à tentação kantiana de introduzir um educador divino imediatamente iluminado por si mesmo, é para precisar logo em seguida que a educação divina do primeiro casal tem como finalidade a educação recíproca de seus membros.[43] Logo, o apelo à intervenção divina não confina aqui o ser racional finito no círculo do educador educado, mas

---

41. Fichte, *Oeuvres choises...*, 1980b, p. 304.
42. Fichte, op. cit., 1984, p. 55.
43. Idem, ibid.

90   LUC VINCENTI

vem, ao contrário, confirmar a ruptura desse círculo sublinhando a possibilidade de uma educação recíproca. Somos, então, antes de tudo, totalmente responsáveis por nossa educação e, assim, por nossa própria natureza. Além disso, sabemos agora o que é preciso fazer em matéria de educação, já que uma relação que vise ao conhecimento de uma atividade livre pode ser legitimamente qualificada como educativa. Entendemos, assim, toda a importância do domínio, pelo aluno, do saber adquirido, uma vez que somente esse domínio irá permitir-lhe a utilização livre desse saber. Compreendemos também que qualquer empresa educativa que não visasse essa liberdade na utilização, pelo aluno, de seus conhecimentos recairia, então, em um adestramento.

Essa determinação de uma reciprocidade na relação educativa tem por que surpreender, uma vez que nos habituamos a ler a relação pedagógica de maneira assimétrica, o mestre possuindo mais que o aluno e podendo, por isso, educá-lo. Desse ponto de vista, não haveria reciprocidade possível. Mas isso é esquecer, como o precisamos,[44] que o saber não é algo que se possa transmitir. E é esquecer, ainda, que o conhecimento constitui, na filosofia fichteana da educação, não um fim, mas um meio de fortalecer o domínio prático da razão. Desse outro ponto de vista, e enquanto sujeito moral em vias de aperfeiçoar minha própria natureza, não posso considerar minha relação com outros seres racionais finitos de maneira assimétrica. Minha finalidade é a deles, e a universalidade da lei que me manda respeitar a humanidade em mim mesmo como em qualquer outro torna impossível que eu conceba minha relação com o próximo de outro modo que sob a forma de uma libertação comum. Nesse sentido, e à medida que a moralidade deve constituir a pedra angular do edifício educativo, eu iria de fato contra a lei moral lendo apenas de maneira assimétrica a relação pedagógica. Longe de me colocar como sujeito libertador, eu colocaria obstáculos à minha própria libertação ao não reconhecer o outro como sujeito, se não já livre, pelo menos em vias de tornar-se; "só é livre aquele que quer tornar livre tudo o que o envolve", irá afirmar com ênfase a segunda das *Conferências sobre*

---

44. Cf. antes, "A visão de conjunto de Fichte".

a destinação do sábio.[45] Tais injunções, que não deixam de lembrar concepções políticas de Rousseau,[46] são, na ontologia fichteana, baseadas na lei da moral. É pela universalidade dessa lei que *O sistema da ética* pode, por sua vez, afirmar, a propósito dos seres livres: "A libertação de um é simultaneamente a libertação de todos os outros".[47] Desse ponto de vista, se se pode sempre conceber uma assimetria relativa ao conhecimento no domínio da instrução, estando tal domínio subordinado ao advento da moralidade, não devemos deixar de estabelecer um acordo recíproco na relação educativa.

Poderíamos ater-nos a isso a fim de distinguir radical e definitivamente a educação de um adestramento, uma vez que a única influência imediata do educador consiste em estimular a liberdade efetiva do sujeito educado. Todavia, respeitando a definição da educação como apelo para agir livremente, o educador não deixa, por isso, de orientar a atividade de seu aluno rumo à afirmação de sua vontade livre. A liberdade em questão, sendo aliás determinada como liberdade moral, requer para sua afirmação uma parte de coerção, e a disciplina do arbítrio que apresentamos[48] não é de modo algum recolocada em causa por essa definição de educação. Portanto, já que possuímos agora uma definição da natureza humana que toda relação educativa pode de fato aplicar, não correríamos novamente o risco, em nome de uma natureza humana, de impor de maneira violenta e ditatorial fins para a educação? Nós poderíamos de fato ter o sentimento de que a natureza humana, enquanto consciência de si, achar-se-ia imediatamente realizada no apelo para agir livremente. E como a liberdade a se promover requer, enquanto liberdade moral, uma parte de coerção, essa natureza humana que devemos e podemos realizar

---

45. P. 52.
46. Pelas quais é aliás censurado, na segunda *Conférence sur la destination du savant*, por não ter afirmado claramente que "todo homem que se acredita senhor dos outros é ele mesmo um escravo". Fichte não tivera provavelmente conhecimento da oitava das "Lettres écrites de la montagne", em que Rousseau estipulava: "Quem quer que seja senhor não pode ser livre".
47. P. 220.
48. Cf. antes, "A vontade e o arbítrio".

em cada ato pedagógico poderia, então, justificar sem reserva a disciplina e a coerção do arbítrio, elas próprias necessárias para fortalecer a vontade boa. Entretanto, não se trata, de modo algum, de exigir imediatamente a perfeita realização da liberdade moral. A dedução que define a educação como um apelo à liberdade situa essa liberdade no futuro do sujeito educado. A posição salutar de um ideal da natureza humana ao infinito do processo educativo é, assim, conservada por Fichte, e esse ideal pode sempre preencher sua função reguladora.

Existe ademais uma distinção importante, formulada na primeira das *Conferências sobre a destinação do sábio*, entre a meta suprema do homem e sua destinação, esta última representando a determinação do homem a fim de que possa perseguir sua meta. A meta suprema, perfeição da natureza humana, realização da liberdade moral, autonomia absoluta e domínio da razão, deve certamente ser perseguida. Mas a finitude radical do homem, a necessária limitação do Eu como condição de qualquer ato de consciência, torna impossível o alcance dessa autonomia absoluta:

> está no conceito do homem que sua meta final deva ser inacessível, que seu caminho rumo a essa meta deva ser infinito. Por conseguinte, a destinação do homem não é alcançar essa meta. Mas ele pode e deve aproximar-se sempre e cada vez mais dessa meta: e é por isso que se aproximar indefinidamente dessa meta é sua verdadeira destinação enquanto homem.[49]

Logo, é de grande importância diferenciar meta e destinação do homem. Pois, se quisermos ver na ideia de natureza humana um princípio regulador servindo como norma para nossa conduta, não é mais preciso que nos refiramos à autonomia absoluta ou ao domínio da razão, fora de alcance, mas a uma luta incessante e progressiva da razão contra o egoísmo e os impulsos naturais. Essa luta, verdadeira destinação do homem, constitui a lei de nossa existência e proíbe-nos de exigir imediatamente a realização de um ideal que permanece abstrato. A filosofia de Fichte, então, faria mais que deportar a perfeição da natureza humana para o final do

---

49. Fichte, op. cit., 1980, p. 42.

processo educativo, iria ao ponto de tornar esse ideal inacessível. Entretanto, ao colocar a perfeição da natureza humana fora de alcance, nós não recaímos de modo algum no círculo kantiano do educador educado que nos impedia anteriormente, por ter oposto a educação ao adestramento, de determinar com precisão o ato pedagógico. Fica-nos proibido determinar o ato pedagógico de acordo com a meta suprema do homem, e isso nos preserva da tentação do adestramento, que consiste em querer imediatamente realizar o ideal impondo, de maneira ditatorial, fins para a educação. Porém, agora é possível determinar qualquer ato educativo, se não de acordo com a meta, pelo menos de acordo com a destinação que define o homem. Desse ponto de vista, a inscrição da natureza humana, enquanto destinação do homem, em qualquer ato pedagógico não abre absolutamente a porta para a imposição arbitrária de fins para a educação. Muito pelo contrário, sendo a destinação do homem determinada como um aperfeiçoamento infinito da natureza humana, a educação não pode senão incitar o aluno a tornar-se livre, sem nunca impor-lhe que o seja, o que, além da mais manifesta das contradições, constituiria a mais evidente das violências. Contra essa violência, a filosofia fichteana da educação oferece-nos, com a esperança de realizar nossa liberdade, os meios de pensar e de instigar uma prática educativa como libertação comum no elemento da razão.

INTRODUÇÃO AO SEGUNDO "DISCURSO À NAÇÃO ALEMÃ"

Encontramos ao final desta apresentação das filosofias da educação de Kant e de Fichte o que, de acordo com o espírito das Luzes, marcava uma nova pedagogia. É efetivamente rumo a uma transformação do mundo que nos induzem nossos dois filósofos, uma transformação efetuando-se por e pela afirmação da liberdade e da autonomia da pessoa humana. A filosofia de Fichte representa a coroação desse movimento que, a partir de Rousseau, define a educação em termos de liberdade e, em seguida, com o primeiro kantiano da razão prática, em termos de autonomia da vontade. No âmago da filosofia fichteana da educação, os *Discursos à nação alemã* apresentam o conjunto dessas teses a um público amplo, e, entre esses *Discursos*, o segundo tem particularmente como tarefa expor essa nova educação em si mesma, independentemente, como o anuncia Fichte,[1] das "características nacionais" e da "natureza da época". Não é nosso desejo retornar, aqui, à condenação de qualquer leitura recorrente[2] dos *Discursos à nação alemã*, leitura que parece ignorar que o patriotismo ao qual Fichte exorta o povo alemão segue parelha com uma defesa cosmopolita dos direitos

---

1. Cf. adiante, "Introdução ao segundo 'Discurso à nação alemã'", p. 101.
2. Cf. antes, p. 39.

do homem e não admite, então, nenhuma exclusão, sobretudo no âmago de um pensamento pelo qual "as diferenças de origem ou de nascimento não implicam nenhuma diferença do ponto de vista das disposições e das capacidades".[3]

Não desejamos igualmente retornar a certas teses paradoxais, como o aniquilamento da vontade, cuja significação já foi precisada anteriormente.[4] Mas antes de dar lugar ao texto fichteano queríamos, em contraposição, acentuar um conceito que o segundo *Discurso* situa no centro da empresa educativa: o *Vorbild*, "pré-imagem", modelo e não cópia da realidade, conceito que reforça a profunda unidade de significação, tanto desse movimento que atribui novas tarefas à humanidade quanto da própria filosofia de Fichte, assim como se apresenta nesse segundo *Discurso*.

De fato, a formação de imagens "que não sejam de modo algum reproduções da realidade efetiva, mas que possam transformar-se em modelos"[5] segue, certamente, parelha com uma transformação do mundo em vista da liberdade e da autonomia, já que é bastante claro que não posso agir livremente – e assim voluntariamente – sem agir em nome de uma finalidade previamente concebida e conscientemente perseguida. Todavia, a recíproca não é verdadeira, e eu posso em todo caso formar uma imagem de uma finalidade, como a felicidade ou o infortúnio, cuja perseguição, não importa para qual prazer sensível, não contribui em nada para o advento da moralidade. Igualmente, Fichte acentua que todo o valor dessa formação de "imagens-modelo" não se liga à própria imagem, mas ao fato de que essa imagem seja o fruto de uma atividade espontânea do aluno. E não existe nenhum círculo vicioso na exigência de que tais "imagens-modelo", aceitas como afirmativas da liberdade do aluno, sejam esboçadas por essa mesma liberdade, tanto mais que seria absurdo supor, no postulado da razão educativa, uma capacidade do aluno para se transformar moralmente ou para entender o apelo para agir livremente que definia a educação.[6] Não

---

3. Segundo *Discours...*, p. 198-9.
4. Cf. antes, "A vontade e o arbítrio, p. 22.
5. Cf. adiante, "Tradução do segundo 'Discurso...'", p. 105.
6. Cf. antes, "Educação cívica, educação moral", p. 35, e "A concepção fichteana", p. 89.

pode efetivamente tratar-se de criar a liberdade do outro, mas, ao contrário, de ajudá-lo a tomar consciência de uma liberdade que o constituiria fundamentalmente, e que ele já possui, embora sem o saber. Ora, assim como o precisa o parágrafo quarto da *Doutrina da ciência "nova methodo"*, não posso tomar consciência de mim mesmo como sujeito livre senão transformando o mundo, ou seja, agindo segundo um conceito de finalidade. A transformação do mundo é, nesse ponto, o meio de aceder a essa consciência de si como sujeito. Nesse sentido, a verdadeira finalidade não é aquela que o aluno imagina ao esboçar um modelo da realidade; o que ele visa e deve visar não é efetivamente outra coisa senão a construção de sua liberdade, e é por esse motivo que a transformação de "imagens-modelo" constitui o elemento fundamental da educação.

Ao promover assim essa construção de "imagens-modelo", o segundo *Discurso à nação alemã* sintetiza vários aspectos essenciais da obra de Fichte, como a relação com a religião, seu idealismo ou, ainda, a natureza fundamentalmente prática de toda razão. Quanto a esse último ponto, lembremos que a determinação de um poder prático originário efetuava-se no parágrafo quinto dos "Princípios fundamentais da Doutrina da ciência", ao fazer apelo precisamente a essa posição de um ideal superando o real que nos representamos habitualmente. Essa superação exprime a natureza originariamente reflexiva de nosso Eu, segundo a qual a atividade espiritual tende a voltar-se para ela mesma, curvar-se sobre si, ou seja, em termos fichteanos, a compreender toda a realidade em si. E, se podemos superar o real, tanto pela posição imaginária de um ideal quanto pela transformação do mundo em nome desse ideal, é porque já estamos em vias de nos apropriar desse mundo. Quando nos aquartelamos na atitude natural, absorvidos pela contemplação de um real que acreditamos existir, perdemos consciência de nossa atividade pela qual um tal mundo existe para nós, atividade que constitui esse mundo como tal determinando os objetos e estruturando suas relações. O segundo *Discurso* convida-nos a encontrar a consciência dessa atividade e a conhecê-la como tal, seja pela compreensão ativa das leis produzindo os fenômenos – e não pela memorização de suas propriedades –, seja pela determinação de

98 LUC VINCENTI

um ideal em toda autonomia ou pela transformação do mundo em função desse ideal e das leis inclusas.

Aqui, a visão de um mundo ideal surge como a verdade de nossa relação com o mundo real; uma vez engajados nessa via, pode-se esperar entender que as relações que parecem estruturar o mundo não são outras senão as relações desse mundo conosco. É então que se torna possível o desvelamento do idealismo fichteano, apreendendo o *espírito* como "princípio autônomo e originário das próprias coisas".[7]

Isso seria dizer que o mundo ideal é o único mundo verdadeiro, e que precisamos desviar o aluno deste mundo em prol de um mundo inteligível ou suprassensível como nos apresenta a religião? É o que nos levariam a crer tanto os apelos a um mundo *mais* nobre, na conclusão do terceiro *Discurso*, quanto as afirmações desse mesmo *Discurso*, que fazem da "educação em vista da nova religião" a principal questão da nova educação em geral.[8] Mas seria compreender muito mal o idealismo fichteano isolar assim o "ideal" do "real" para refugiar-se no primeiro em detrimento do segundo. Que o real seja constituído pelo ideal quer simplesmente dizer que o ideal consiste nessa perpétua instituição do mundo. Nesse sentido, assim como a primeira das *Conferências sobre a destinação do sábio* distinguia entre meta e destinação do homem[9] ao definir esta última como aproximação infinita da meta, precisamos estabelecer que o mundo visado pela religião, enquanto mundo perpetuamente em definir, não está isolado deste mundo, mas participa, ao contrário, de sua transformação progressiva[10] no mesmo sentido que o ideal prático: é verdade que a religião é igualmente a consolação do escravo injustamente oprimido, mas é antes de tudo do espírito religioso o levantar-se contra a escravidão e não reduzir a fé ao papel de uma simples consolação para os prisioneiros.[11]

---

7. Cf. adiante, "Tradução do segundo 'Discurso...'", p. 109.
8. Cf. terceiro *Discours...*, p. 95.
9. Cf. antes, "A concepção fichteana", p. 92.
10. Cf. terceiro *Discours...*, p. 100-1: "essa vida divina ... manifesta-se ... como algo que deve ser e que, uma vez tornado o que deve ser, manifesta-se novamente como devendo ser eternamente".
11. Cf. oitavo *Discours...*, p. 168.

EDUCAÇÃO E LIBERDADE   99

A tarefa da religião é propriamente a de figurar-nos a constituição do mundo ideal perpetuamente visado pela aquisição moral. Assim, longe de opor-se a esta última, a religião fichteana constrói a ideia de um mundo totalmente determinado pelo Eu absoluto, ou por Deus, ou por uma razão ela mesma inteiramente autodeterminante.[12] Pois estes três conceitos têm uma única e mesma significação: se em nós se forma a ideia de um Eu absoluto, compreendendo em si, como um Deus, toda realidade, é porque nós mesmos já somos sempre essa atividade reflexiva procurando apropriar-se e atribuir-se toda a realidade, enquanto atividade de um sujeito colocando-se a si próprio, como o apresentávamos na Introdução. O caso de formarmos essa ideia atesta o fato de que não somos Deus, e de que nosso destino continua sendo o de nos aproximarmos indefinidamente de um mundo puramente racional, sem jamais podermos alcancá-lo. Esse esforço infinito é a própria razão prática, exercício de nossa liberdade, libertação progressiva e constituição de si que define a educação.

---

12. Para retomar uma expressão da "Recension de l'Enésidème", 1985, p. 171.

TRADUÇÃO DO SEGUNDO "DISCURSO À NAÇÃO ALEMÃ"[1]

O meio que propus para garantir a conservação da nação alemã, para a clara compreensão do qual esses discursos desejariam conduzir-vos de imediato, depois de vós a nação inteira, resulta da natureza da época tanto quanto das particularidades da nação alemã; por outro lado, esse meio deve, em contrapartida, influenciar a época e a formação das particularidades da nação alemã. De fato, esse meio não poderá ser tornado perfeitamente claro e compreensível enquanto não o tivermos relacionado com as particularidades nacionais e com a natureza da época, e esses dois fatores com esse meio, e depois de ter exposto a completa e recíproca interpenetração deles. Essas tarefas demandam um certo tempo, e então só se pode contar com uma perfeita clareza ao final de nossos discursos. Uma vez que precisamos, entretanto, começar por uma dessas partes, o mais apropriado será considerar de início o próprio meio, para si, em sua essência íntima, independentemente de seu contorno espacial e temporal; nosso discurso de hoje e o que se lhe segue devem, então, dedicar-se a essa tarefa.

---

1. Além dos numerosos amigos que me ajudaram a decifrar este pesado texto fichteano, sinto-me particularmente obrigado a agradecer a Danielle Schoelzchen, professora de alemão, que fez questão de rever o conjunto desta tradução.

102 LUC VINCENTI

O meio indicado era uma educação nacional dos alemães, totalmente nova, e que até agora jamais existiu em qualquer outra nação. Veja-se, então, como essa nova educação já foi caracterizada no discurso precedente para diferenciá-la da educação usualmente praticada até o presente: dizíamos que esta última nada mais fazia além de exortar à boa ordem e à moralidade, mas que tais exortações permaneciam estéreis na vida efetiva, que se formou segundo princípios totalmente diferentes, completamente inacessíveis a esta educação; e que, por oposição a esta última, a nova educação deveria poder formar e determinar por meio de regras, de modo seguro e infalível, os movimentos e sentimentos vitais efetivos de seus alunos.

Mas, então, ter-se-ia podido objetar, como aliás o fazem efetivamente, quase sem exceções, aqueles que até o momento dirigem a educação: "Mas, enfim, como se poderia exigir de não importa que educação que faça mais que mostrar o caminho correto ao aluno e exortá-lo a que se lhe sujeite fielmente? Que ele queira seguir tais exortações, é problema dele, e se não o fizer, o erro é dele. Ele é detentor de uma vontade livre da qual nenhuma educação poderia despojá-lo". A isso eu responderia então, a fim de especificar ainda mais nitidamente a educação nova em que penso: é justamente nesse reconhecimento de uma livre-vontade do aluno, e no fato de contar com ela, que se encontra o primeiro erro da educação praticada até o momento, e a confissão manifesta de sua impotência e de sua nulidade. Pois, confessando efetivamente que, apesar de toda sua eficácia, a vontade permanece entretanto livre, ou seja, indecisa, oscilando entre o bem e o mal, ela confessa que não é absolutamente capaz, não quer nem deseja formar a vontade, ou seja – uma vez que esta é a verdadeira raiz do próprio homem –, formar o homem ele mesmo, e que ela considera tudo isso simplesmente impossível. Ao contrário, no terreno que empreendesse modelar, a nova educação deveria justamente consistir no aniquilamento total da liberdade da vontade; ao mesmo tempo em que engendraria na vontade a rigorosa necessidade das decisões e nela tornaria impossível a contradição. Poder-se-ia, então, contar firmemente com uma tal vontade e confiar nela.

Qualquer formação esforça-se para produzir um ser estável, determinado e constante, que não está mais em transformação, mas que é, e que não pode ser diferente do que é. Se ela não se esforçasse para produzir um tal ser, não seria mais, então, uma formação, mas um jogo qualquer e inútil; se ela não tivesse engendrado um tal ser, ela não estaria ainda justamente arrematada. Aquele que deve exortar, e ser exortado, a querer o bem ainda não é detentor de um querer determinado e sempre disponível, mas vai formar-se um cada vez que disso tiver necessidade. Aquele que tem um tal querer estável quer o que deseja para a eternidade e não pode, em caso algum, querer diferentemente do que sempre quis. Para ele, a liberdade da vontade está aniquilada e fundida na necessidade. A época precedente demonstrou, por esse meio, que não possuía nem uma noção justa da formação para a humanidade, nem a força para representar tal noção; ela desejava melhorar o homem por meio dos sermões, das exortações, aborrecia-se e admoestava tais sermões quando resultavam em nada. Mas como é que, então, o poderiam? A vontade do homem já possui, muito antes dessa exortação, e independentemente dela, sua direção resolvida; se essa direção concorda com tua exortação, então a exortação chega bem tarde, e o homem teria feito igualmente sem esta última aquilo a que tu o exortas. Essa exortação se acha em contradição com sua direção: tu podes então, quando muito, aturdi-lo alguns instantes; quando a oportunidade surge, ele se esquece de si próprio e, juntamente, da tua exortação e segue seu pendor natural. Se queres ter sobre ele um determinado poder, deves fazer, então, mais que apenas falar-lhe, deves modelá-lo, fazê-lo de tal modo que ele não possa querer de outro modo além daquele que queres que ele queira. É inútil dizer "voe" a quem não possui asas, e ele jamais irá se levantar dois passos acima do solo, apesar de todas as tuas exortações. Porém, desenvolve, se puderes, suas asas espirituais, deixe que ele se sirva delas e as fortaleça, então, sem nenhuma de tuas exortações, não quererá ou não poderá mais fazer outra coisa senão voar.

A nova educação deve engendrar essa vontade estável, que deixa de hesitar, segundo uma regra segura, eficaz e sem exceção. Ela deve até produzir com necessidade, a necessidade que persegue. O que até o momento tornou-se bom, tornou-se por sua disposição natural, que teve uma certa superioridade sobre a influência do meio nefasto, mas de modo algum em razão da educação, senão todos os que a receberam deveriam ter-se tornado bons. Quem foi corrompido não o foi principalmente pela educação, senão todos os que a receberam deveriam sê-lo, mas, ao contrário, tornou-se em função de si mesmo e de sua disposição natural. Desse ponto de vista, a educação era somente ineficaz e nada corruptora, o que foi propriamente formador foi a natureza espiritual. Doravante, exceto a empresa dessa força obscura e imponderável, a formação para a humanidade deve ser agora submetida a uma arte refletida que atinja seguramente sua finalidade em tudo o que lhe é confiado, sem exceção, ou que, se a arte não a atingiu efetivamente, ao menos saiba que não a atingiu e que, assim, a educação ainda não terminou. A educação que eu propus deve, então, ser uma arte segura e refletida, para formar uma vontade boa, constante e infalível no homem; essa é sua primeira característica.

Sigamos em frente. O homem só pode desejar o que ama; seu amor é simultaneamente a única e a infalível força motriz de seu querer e de todos seus movimentos e sentimentos vitais. A política praticada até o presente, enquanto autoeducação do homem em sociedade, pressupôs como certa e válida, sem exceção, a regra segundo a qual cada um ama e quer seu próprio bem-estar sensível. Ela ligou artificialmente, pelo medo e pela esperança, a esse amor natural a vontade boa que desejava, o interesse pela comunidade. Abstraindo que, por essa forma de educação, o homem tornado um cidadão exteriormente inofensivo, até mesmo útil, continua sendo, entretanto, interiormente um homem mau. Pois ser malvado consiste exatamente no fato de amar apenas seu bem-estar sensível, e de só poder ser movido, por medo ou esperança, para esse bem-estar, seja na atualidade ou numa vida futura. Abstração feita, já vimos anteriormente que essa regra não nos é mais aplicável, uma vez que o medo e a esperança não atuam a favor, mas contra nós, e que não podemos de nenhum modo tirar vantagem do egoísmo[2] sensível. É por isso que somos mesmo pressionados pela necessidade de querer formar interiormente

---

2. *Selbstliebe*, que poderíamos traduzir igualmente por "amor de si", mas entendendo então o "si" em questão como nosso ser sensível.

EDUCAÇÃO E LIBERDADE   105

e fundamentalmente homens bons, uma vez que a nação alemã não pode ainda perdurar senão por eles, enquanto pelos homens maus ela se liga necessariamente ao estrangeiro. Devemos então, em lugar desse egoísmo ao qual não se liga mais nada de bom para nós, substituir e fundar, no coração de todos com que queremos contar dentro de nossa nação, um outro amor que se lança imediatamente para o bem puramente como tal, e por amor ao próprio bem.

O amor pelo bem puramente como tal, e não em razão de sua utilidade para nós próprios, traz consigo, como já o vimos, a forma da satisfação nesse mesmo bem; essa satisfação é tão profunda que se é então instigado a realizá-la. Assim, essa satisfação interior seria o que a nova educação deveria engendrar enquanto ser imutável e constante de seu aluno; pois é sobre essa satisfação, e por ela mesma, que seria fundada em sua necessidade a imutável boa vontade do aluno.

Uma satisfação que leva, assim, a engendrar na própria realidade um determinado estado de coisa que não está efetivamente presente, pressupõe uma imagem deste estado que, antes que tal estado seja realizado, deve apresentar-se ao espírito e provocar essa satisfação estimulante. Assim, essa satisfação pressupõe na pessoa que deve senti-la o poder de esboçar espontaneamente[3] tais imagens que, sendo independentes da realidade efetiva, e longe de consistirem em reproduções, consistem antes de tudo em modelos. Preciso, agora, falar o mais estritamente possível desse poder, e vos peço, durante esta análise, que não esqueçais nunca que uma imagem engendrada por esse poder é capaz de agradar exatamente como uma simples imagem na qual sentimos nossa potência imagética, sem ser por isso tomada como modelo da realidade efetiva, e sem agradar-nos a ponto de levar-nos à sua realização. Essa última questão, nossa finalidade propriamente dita, é algo completamente diferente do que inevitavelmente falaremos mais tarde; a primeira questão abrange simplesmente a condição prévia para alcançar a verdadeira finalidade da educação.

---

3. *Selbstätig*, que iremos encontrar mais adiante e que poderíamos igualmente traduzir por "autoativamente" ou, substantivado, por "autoatividade".

Este poder de esboçar imagens espontaneamente, que não sejam de modo algum reproduções da realidade efetiva, mas que possam tornar-se seus modelos, seria o primeiro poder de onde deveria partir a formação do gênero humano pela nova educação. Esboçar espontaneamente, disse eu, ou seja, que o aluno produza ele mesmo tais imagens, por suas próprias forças, e não, de modo algum, que seja capaz de compreender passivamente a imagem recebida pela educação e de compreendê-la suficientemente para reproduzi-la da mesma forma como lhe foi fornecida, como se só estivesse em causa a existência de uma tal imagem. O fundamento da exigência de uma verdadeira espontaneidade nessa imagem é o seguinte: é somente sob essa condição que a imagem esboçada pode provocar a satisfação ativa do aluno. É, de fato, totalmente diferente de se acomodar, de não se opor a essa complacência passiva, que só pode resultar, afinal de contas, de um abandono passivo, o que é, pelo contrário, uma coisa bastante diversa de ser tomado pela satisfação de algo a tal ponto que se torna ela própria criadora e estimula todo nosso poder imagético. Não estamos falando do primeiro ponto, encontrado correntemente na educação praticada até o presente, mas do último. Entretanto, essa última satisfação não pode inflamar-se a menos que a espontaneidade do aluno seja simultaneamente estimulada, e que se lhe torne manifesta no objeto dado, de tal sorte que tal objeto não mais agrade por si mesmo, mas também simultaneamente como objeto onde se exterioriza a energia espiritual, exteriorização que satisfaça imediatamente, necessariamente e sem exceção.

Essa atividade produtora de imagens espirituais, a ser desenvolvida no aluno, é sem nenhuma dúvida uma atividade baseada em regras, que o aluno descobre ao agir, inclusive a compreensão de que a única possibilidade delas reside na experiência imediata que ele realiza em si próprio; assim, essa atividade engendra o conhecimento, e até mesmo o conhecimento de leis que valem universalmente e sem exceção. Igualmente, no livre-aperfeiçoamento de si que se inicia a partir desse ponto, o que é empreendido contra a lei é impossível, e, assim, não irá seguir-se nenhuma ação até que a lei seja observada. Em consequência, também, se esse livre-aperfeiçoamento inicia-se por uma busca cega, deverá, entretanto, finalizar-se com um maior conhecimento da lei. Logo, essa formação

EDUCAÇÃO E LIBERDADE   107

é, afinal de contas, formação da faculdade de conhecimento do aluno; e, a bem dizer, de modo algum de um conhecimento histórico concernente à natureza estática das coisas, mas, ao contrário, de um conhecimento mais elevado, e filosófico, da lei segundo a qual uma tal natureza estática das coisas necessariamente é. O aluno aprende.

Acrescento: o aluno aprende voluntariamente e com prazer; e, também, por todo tempo que durar a impetuosidade de sua força, ele não desejará nada mais fazer além de aprender, pois ele age espontaneamente ao aprender, e experimenta, com isso, o maior dos prazeres. Nisso encontramos um sinal exterior característico da verdadeira educação que é, por um lado, infalível e, por outro, salta imediatamente à vista: sem levar absolutamente em consideração a diversidade das disposições naturais, e sem nenhuma exceção, todo aluno ao qual essa educação é dispensada aprende com prazer e amor, puramente, e sem nenhum outro motivo, pelo próprio aprendizado. Encontramos o meio de inflamar esse puro amor pelo aprendizado, de estimular a imediata espontaneidade do aluno, e de fazer desta última o fundamento de todo conhecimento, de tal sorte que o que for aprendido seja aprendido por ele.

A primeira e principal parte da arte consiste tão somente em estimular de início essa atividade própria do aluno, seja em qual for o ponto conhecido por nós. Uma vez feito isso, trata-se apenas de manter plenamente viva a atividade estimulada a partir desse ponto, o que só é possível por uma progressão regular, na qual cada desconsideração da educação descobrir-se-á em seguida por sua intenção desastrosa. Encontramos igualmente aqui o liame que une indissociavelmente o resultado desejado à maneira de agir preconizada, a eterna lei fundamental da natureza espiritual do homem, reinando sem nenhuma exceção, segundo a qual ele aspira imediatamente à atividade espiritual.

Se alguém, induzido a erro pela experiência usual de nossos dias, pudesse nutrir dúvidas sobre a presença de uma lei fundamental como essa, nós o faríamos perceber à saciedade que o homem é antes, por natureza, sensível e egoísta, à medida que a necessidade imediata e a carência sensível o movem, e que ele não se deixará reprimir a satisfazê-las nem por uma carência espiritual nem por quaisquer considerações morais. Porém, desde que tenha evitado isso, ele tem pouca inclinação para formar essa imagem dolorosa em sua imaginação e para mantê-la presente no espírito. Pelo contrário, ele prefere muito mais orientar os pensamentos isentos de todos os laços para a contemplação livre do que estimular o interesse de seus sentidos. Ele não recusa nem mesmo uma incursão poética em mundos ideais; uma vez que lhe é atribuída pela natureza uma sensibilidade que é apenas levemente voltada para o temporal, seu sentido do eterno conserva, assim, algum espaço para desenvolvimento. Isso é provado pela história de todos os povos da Antiguidade, e pelas numerosas observações e descobertas que deles nos chegam; mais recentemente, isso se prova pela observação dos povos que, se não são demasiadamente maltratados pelo clima, continuam selvagens, e mesmo por nossos próprios filhos. Isso se prova até pela confissão sincera de nossos fanáticos anti-idealistas, que se queixam de que aprender nomes e datas seja uma ocupação muito mais fastidiosa do que se deixar ir rumo ao que lhes parece ser o espaço vazio das ideias, ao passo que, parece, prefeririam entregar-se a essa segunda ocupação mais que à primeira, se ousassem permitir--se tal coisa. Que se substitua essa leveza conforme à natureza por um sentido mais carregado, pelo qual a fome a chegar e o conjunto das longas séries de todas as fomes possíveis do futuro apresentam-se ao indivíduo saciado como a única coisa que pode fartar sua alma, e excitam-no e aguilhoam-no incessantemente: isso, em nosso tempo, é produzido artificialmente, na criança, reprimindo sua leveza natural, no homem, pelo esforço de ser tido como alguém de perspicácia, uma reputação que só obtém aquele que não desvia nem por um momento os olhos desse objetivo. Isso não decorre absolutamente da natureza, com a qual poderíamos contar, mas, pelo contrário, de uma depravação imposta penosamente à natureza recalcitrante, que desaparecerá tão logo se deixar de assumir essa pena.

Dizíamos anteriormente que essa educação, que estimula imediatamente a espontaneidade espiritual do aluno, engendra o conhecimento. Isso nos fornece a oportunidade de caracterizar com maior precisão a nova educação, opondo-a à praticada até o momento. A bem dizer, a nova educação não objetiva própria e imediatamente senão o estímulo de uma atividade espiritual que vai progredindo regularmente. O conhecimento, como já o vimos, prossegue apenas por acréscimo, como uma consequência que nunca faz falta. Nesse sentido, o conhecimento consiste exatamente, agora, naquilo pelo que a imagem em relação à vida real, que deve estimular a séria atividade futura de nosso aluno tornado homem, pode ser entendida. Assim, o conhecimento é, com certeza, um elemento essencial da formação a ser adquirida, mas não se pode, contudo, dizer que a nova educação tem imediatamente em perspectiva o conhecimento; pelo contrário, o conhecimento só lhe cabe por sorte. Por oposição, a educação praticada até o presente visava diretamente ao conhecimento, e mesmo a um determinado grau de conhecimento num domínio específico. Existe, além disso, uma grande diferença entre a espécie de conhecimento acarretada por acréscimo pela nova educação e a espécie visada pela educação praticada até o presente. Da primeira advém o conhecimento das leis que condicionam a possibilidade de qualquer atividade espiritual. Quando, por exemplo, o aluno tenta, imaginando livremente, delimitar um espaço com linhas retas, é a atividade espiritual desse aluno que é então primeiramente estimulada. Se nessa tentativa ele descobre que não pode delimitar nenhum espaço com menos de três linhas retas, tal resultado configura, então, o conhecimento, advindo por acréscimo, de uma segunda atividade totalmente diversa, a do poder de conhecer limitando a atividade livre estimulada em primeiro lugar. Dessa educação advém simultaneamente, desde seu início, um conhecimento verdadeiramente alçado acima de qualquer experiência, suprassensível, rigorosamente necessário e universal, já englobando em si mesmo todas as experiências ulteriores possíveis. Ao inverso, a instrução fornecida até o presente resultava ordinariamente apenas nos estados estáticos das coisas, que deveriam ser aceitos e retidos tais quais eram, sem se poder ao menos estabelecer um fundamento. Assim, a partir de uma compreensão puramente passiva, com o auxílio da faculdade de memorização permanecendo exclusivamente a serviço das coisas, não se podia então, de modo algum, chegar a suspeitar[4] que o espírito fosse um princípio autônomo e originário das próprias coisas. Não se vá pensar

---

4. Seguimos a orientação de F. Médicus traduzindo *Ahnung* e não *Ahndung*.

110 LUC VINCENTI

efetivamente que a pedagogia mais recente – pela sua repulsa tantas vezes atestada contra a aprendizagem mecânica por memorização, assim como pelas suas obras capitais célebres em método socrático – esteja ao abrigo dessa censura: pois, nesse sentido, já há muito, aliás, ela recebeu a resposta fundamental de que tais raciocínios socráticos eram igualmente aprendidos mecanicamente por memorização, e é uma aprendizagem por memorização tanto mais perigosa por dar ao aluno que não pensa a ilusão de que ele poderia, contudo, pensar; que isso – com a matéria que o método socrático queria empregar para desenvolver o desenvolvimento pessoal[5] – nada poderia acarretar de diferente, e seria preciso começar por uma matéria bem diferente para alcançar esse fim.

Partindo da natureza da instrução praticada até o presente, compreende-se, por um lado, por que até o presente o aluno aprendia lentamente e a contragosto poucas coisas, e por que, na falta de um estímulo para a aprendizagem, um impulso estranho lhe devia ser aplicado; compreende-se, por outro lado, a razão das exceções à regra encontradas até o presente. Recorrer à memória, quando ela só deve ser utilizada sem servir a nenhum outro fim espiritual, é antes passividade[6] que uma atividade do espírito, e pode-se perfeitamente prever que o aluno só se há de curvar com a maior má vontade a tal passividade. Igualmente, os conhecimentos de coisas totalmente estranhas e de suas propriedades, não tendo o mínimo interesse para ele, representam uma compensação muito negativa para o sofrimento[7] que lhe é infligido. Sua aversão deveria, por isso, ser superada pela vã esperança de que tais conhecimentos teriam uma utilização futura, e que não se poderia ganhar a vida e conquistar honrarias senão graças a eles, e mesmo pela presença imediata de punições e recompensas. É desse modo que tal conhecimento é apresentado já na primeira abordagem como a serviço do bem-estar sensível, e essa educação, que era anteriormente apresentada, do ponto de vista de seu conteúdo, como apenas incapaz de desenvolver um modo moral de pensar,

---

5. *Des Selbstdenkens.*
6. *Leiden,* que se poderia igualmente traduzir por sofrimento.
7. *Leiden.*

deve, com o intuito de apenas atingir o aluno, implantar e desenvolver nele a corrupção moral, e ligar (enquanto educação) seu interesse ao interesse dessa corrupção. Descobrir-se-á, além disso, que o talento natural, que, enquanto exceção à regra, aprendia voluntariamente – portanto, verdadeiramente – na escola da educação praticada até o presente, e que, por esse amor superior nele reinante, superava a corrupção moral de seu meio e conservava pura sua sensibilidade, tinha êxito em descobrir, graças a seu pendor natural, um interesse prático nesses objetos; e, levado por seu feliz instinto, chegava mesmo à produção de tais conhecimentos, em vez de simplesmente apoderar-se deles. Encontrar-se-á, além disso, em relação aos objetos de estudo com os quais, excepcionalmente, essa educação tinha bom êxito com mais frequência e de modo mais satisfatório, que eles eram de tal feitio que ela abria espaço ao exercício ativo; assim, por exemplo, a língua erudita que se punha em prática pela fala e pela escrita, era em geral quase sempre aprendida, ao passo que a outra língua, na qual os exercícios eram negligenciados, era geralmente muito mal e superficialmente aprendida, e esquecida na vida adulta. Descobrir-se-á com isso, igualmente, pelo que resulta da experiência adquirida até o presente, que apenas o desenvolvimento da atividade espiritual pela instrução engendra um puro prazer pelo conhecimento e, além disso, conserva, assim, o espírito disponível para a formação moral. Em contrapartida, a recepção simplesmente passiva paralisa e mata o conhecimento, assim como tem necessidade de chegar até a corromper fundamentalmente o senso moral.

Para voltar ao aluno da nova educação, fica claro que ele mesmo, levado por seu amor, aprenderá muitas coisas e, ao se apoderar de tudo em sua coesão e pôr em prática imediatamente essa compreensão, aprenderá o todo de forma justa e inesquecível. Mas isso é apenas acessório. É mais importante que seu Eu, por esse amor, se eleve e seja introduzido de maneira regrada e refletida numa ordem das coisas totalmente nova à qual, por acaso, tiveram acesso até o presente apenas algumas poucas pessoas favorecidas por Deus. Anima-o um amor que não aspira, de modo algum, a um desfrute sensível qualquer – já que este último, enquanto impulso, permanece totalmente mudo para ele –, mas, pelo contrário, aspira a uma atividade espiritual pela atividade e à lei dessa atividade pela lei. Se não se trata ainda seguramente dessa atividade espiritual em geral, à qual se destina a vida ética, pois essa atividade precisa ainda receber, para tanto, uma orientação particular, esse amor possui, entretanto, a forma e a natureza universal do querer moral; e essa espécie de formação espiritual prepara, então, imediatamente para a formação moral; ela estirpou totalmente a raiz da imoralidade, nunca mais permitindo que o desfrute sensível se transforme em impulso. Até o presente, esse impulso era o primeiro a ser efetivamente estimulado e desenvolvido porque se acreditava não ser de todo possível, sem isso, educar plenamente o aluno nem conseguir qualquer influência sobre ele. Se, em seguida, devêssemos desenvolver o impulso moral, este viria demasiado tarde e encontraria o coração já tomado e repleto de um outro amor. Contrariamente, a formação para o querer puro deve ser a primeira na nova educação, para que, se apesar de tudo o egoísmo mais tarde despertar interiormente, ou for estimulado do exterior, ele chegue demasiado tarde e não encontre nenhum espaço para si num coração já repleto por uma coisa diferente.

Já é essencial, para essa primeira finalidade, assim como para a segunda, que indicaremos em seguida, que o aluno esteja completamente, desde o início e sem interrupção, sob a influência dessa educação, e que esteja completamente isolado da comunidade e, para tanto, preservado de qualquer contato com ela. Ele não deve de modo algum ouvir que se poderia, na vida, mover-se e comover-se pelo amor de sua conservação e de seu bem-estar, nem, do mesmo modo, que se estuda por amor a essas coisas ou que a aprendizagem poderia ter uma utilidade qualquer para isso. Segue-se que o desenvolvimento espiritual, da maneira anteriormente estabelecida, deve ser a única coisa posta a seu alcance, e que ele deve estar incansavelmente ocupado, sem que jamais essa espécie de instrução possa alternar com a que requer o impulso sensível oposto.

Mas, então, se tal desenvolvimento de fato impede que o egoísmo cresça, e procura a forma de uma vontade moral, não se trata ainda assim da própria vontade moral, e se a nova educação que propomos não fosse mais longe, formaria acima de tudo excelentes operários do saber, do modo como sempre os tivemos e dos quais não temos quase carência, e que, para nossa finalidade

EDUCAÇÃO E LIBERDADE   113

propriamente humana e nacional, não poderiam fazer mais do que já fizeram tais homens até o presente: exortar e exortar mais, fazer-se admirar ou injuriar segundo as circunstâncias. Mas é evidente, e isso já foi dito anteriormente, que essa livre-atividade do espírito foi desenvolvida para que o aluno esboce livremente, com essa mesma atividade, a imagem de uma ordem ética da vida efetivamente presente, para que ele compreenda tal imagem graças ao amor igualmente nele desenvolvido anteriormente, e que ele seja levado por esse amor a representar de fato essa imagem através de e em sua vida. A questão se coloca: como a nova educação poderia assegurar-se de que ela, em seu aluno, atingiu sua verdadeira e última finalidade?

Fica de pronto claro que a atividade espiritual do aluno, já anteriormente exercida em outros objetos, deve ser incitada a esboçar uma imagem da ordem social da humanidade de modo que esta deva ser puramente conforme às leis da razão. Que a imagem esboçada pelo aluno seja justa é coisa que não pode ser julgada com mais facilidade senão por uma educação que se encontre ela mesma de posse dessa imagem justa. Que essa imagem seja projetada pela própria espontaneidade[8] do aluno, mas que não seja em caso algum nem apreendida passivamente, nem uma repetição crédula do que lhe foi dito na escola; que, além disso, essa imagem seja alçada à vivacidade e à clareza requeridas, isso pode ser julgado por uma educação desse tipo do mesmo modo como ela havia anteriormente conferido um excelente julgamento sobre outros objetos. Tudo isso é ainda questão somente relativa ao conhecimento, e faz parte sempre de um domínio bastante acessível a essa educação. Porém, é uma questão inteiramente diversa, mais elevada, saber se o aluno será a tal ponto possuído por um amor ardente para com essa ordem das coisas que, uma vez libertado do governo educativo e tornado autônomo, lhe seja absolutamente impossível não querer tal ordem e não trabalhar com todas as suas forças para sua concretização. Quanto a isso, sem dúvida, não podem decidir nem palavras, nem exames orais, mas a consideração dos atos.

---

8. *Selbsttätigkeit*, autoatividade.

Resolvo desse modo o problema que nos coloca esta última reflexão: sem dúvida alguma, os alunos dessa nova educação, se bem que isolados da comunidade dos adultos, viverão entre eles em coletividade e formarão um ser comum separado e existente por si próprio, que terá sua constituição precisamente determinada, fundada na natureza das coisas, e inteiramente conforme às exigências da razão. A primeiríssima imagem de uma ordem social, que o espírito do aluno será incitado a esboçar, será a da comunidade em que ele próprio vive, de tal sorte que ele seja interiormente compelido a formar-se diretamente, ponto por ponto, à imagem dessa ordem, tal como lhe foi efetivamente indicado, e que ele compreenda essa ordem, em todas as suas partes, como inteiramente necessária desde seus fundamentos. Mas isso, ainda uma vez, não passa de uma simples obra de conhecimento. Nessa ordem social, cada indivíduo deve, então, na vida efetiva e em relação a todos, abster-se continuamente de muitas coisas que poderia fazer sem escrúpulo se estivesse sozinho. Será útil, na legislação e no ensinamento da constituição, fundado nesta última, que tudo seja apresentado a cada indivíduo com um amor pela ordem elevado até o ideal, um ideal que talvez nenhum tenha efetivamente, mas que todos deveriam ter. Será então preciso que a legislação seja rigorosíssima, e que imponha um grande número de renúncias. Tudo isso, em que reside a existência da coletividade, enquanto absolutamente indispensável, deve até ser conseguido, em última instância, pelo medo de punições reais, e essa legislação penal deve ser aplicada tal e qual, sem exceção nem indulgência. O emprego do temor, enquanto impulso, nada acarreta à moralidade do aluno, uma vez que, aqui, não se deve de modo algum incitar a fazer o bem, mas unicamente a abster-se de fazer o que, nessa constituição, é o mal. Deve-se, além disso, no ensino dessa constituição, fazer entender perfeitamente que aquele que ainda tem necessidade de representar-se a punição, ou que se reaviva essa representação pelo sofrimento da própria punição, encontra-se em um grau muito baixo de cultura. Fica entretanto claro para todos, uma vez que não se pode nunca saber, quando se obedece, se se obedece por amor à ordem ou por temor da punição, que, nessas circunstâncias, o aluno não pode demonstrar abertamente sua boa vontade, do mesmo modo como a educação não pode avaliá-lo.

EDUCAÇÃO E LIBERDADE 115

Uma avaliação desse tipo é, em contrapartida, possível nas seguintes circunstâncias: a constituição deve, além do mais, ser verdadeiramente instituída de tal sorte que o indivíduo não deva simplesmente abster-se, pela comunidade, de determinadas ações, mas que ele possa, por essa mesma comunidade, realizar outras e agir positivamente. Além do desenvolvimento espiritual que ocorre no período da aprendizagem, existe também, igualmente, nessa comunidade dos alunos, exercícios físicos, trabalhos agrícolas, artes mecânicas, aqui, porém, enobrecidos e idealizados, e todos os tipos de profissões. Deve ser uma regra fundamental da constituição que se exija de quem se distinguir em qualquer desses campos que ajude os outros a aprendê-lo, e que se encarregue de todos os tipos de vigilâncias e de responsabilidades; que se exija de quem conseguir um aperfeiçoamento, ou compreender da forma mais clara possível o aperfeiçoamento proposto por seu professor, que o ponha em prática por suas próprias forças, sem que entretanto, por isso, seja dispensado das tarefas naturais e pessoais de aprendizagem e de trabalho. Deve ser uma regra fundamental da constituição que cada um satisfaça voluntariamente a essa exigência, sem a isso ser forçado, uma vez que se continua livre para recusá-la; que não espere, por isso, qualquer recompensa, uma vez que nessa constituição todos são colocados perfeitamente em pé de igualdade em relação ao trabalho e ao prazer, que não espere nem mesmo um elogio, uma vez que a mentalidade a prevalecer na comunidade será de que, nisso, ninguém faz mais que seu dever, e não pode gratificar--se senão com seus feitos e gestos em prol do todo e, dado o caso, com o sucesso desse todo. Assim, nessa constituição, da aquisição de uma maior habilidade e da preocupação dedicada a isso não decorre senão trabalho e uma nova preocupação, e o mais valoroso deve, frequentemente, permanecer acordado, se os outros dormem, e refletir, se os outros brincam.

Os alunos que – se bem que tudo isso seja perfeitamente claro e compreensível, embora incessante – assumirem alegremente essa primeira preocupação e as preocupações maiores que decorrerem, de tal modo que se possa seguramente contar com eles, e que mantenham firmemente, e reforcem, o sentimento de suas energias e de suas atividades, estes a educação pode entregar tranquilamente ao mundo. Neles, seu objetivo foi alcançado, neles foi aceso o amor que inflamará até a raiz de seus sentimentos vitais e que, a partir de agora, atingirá, sem exceção, tudo o que se relacione com tais sentimentos vitais. Eles não poderão, na comunidade maior onde entrarão a partir de agora, ser outra coisa além do que eram de modo fixo e imutável na pequena comunidade da qual acabam de sair.

Dessa maneira, o aluno está pronto para enfrentar, sem exceção, tudo o que o mundo proximamente exigirá dele, e tudo o que a educação lhe requeria em nome desse mundo está concretizado. Ele não está, contudo, pronto em si e para si mesmo, e o que poderia ele mesmo exigir da educação ainda não está concluído. A partir do momento em que tal exigência tiver sido igualmente preenchida, então ele estará capacitado para satisfazer da melhor maneira possível as exigências que um mundo mais nobre poderia, em alguns casos particulares, apresentar-lhe em nome do mundo presente.

BIBLIOGRAFIA

Esta bibliografia menciona apenas as obras efetivamente citadas.

OBRAS DE E. KANT

1776 (... 1787) – *Réflexions sur l'éducation.* Paris: Vrin, 1980.

1781-1787 – *Critique de la raison pure.* Paris: PUF, 1950.

1784 – Idée d'une histoire universelle au point de vue cosmopolitique. In: La philosophie de l'histoire. Paris: Médiations, Gonthier, 1972.

1874 – Réponse à la question: qu'est-ce que les Lumières? In: *La philosophie de l'histoire.* Paris: Médiations, Gonthier, 1972a.

1785 – *Fondements de la métaphysique des moeurs.* Paris: Delagrave, 1950a.

1786 – Conjectures sur les débuts de l'histoire humaine. In: *La philosophie de l'histoire.* Paris: Médiations, Gonthier, 1972b.

1786 – *Qu'est-ce que s'orienter dans la pensée?* Paris: Vrin, 1972c.

1788 – *Critique de la raison pratique.* Paris: PUF, 1949.

1790 – *Critique de la faculté de juger.* Paris: Vrin, 1979.

1793 – *La religion dans les limites de la simple raison.* Paris: Vrin, 1943.

1793 – *Théorie et pratique.* Paris: Vrin, 1977.

1795 – *Projet de paix perpétuelle.* Paris: Vrin, 1975.
1796 – *Doctrine du droit.* Paris: Vrin, 1971.
1797 – *Doctrine de la vertu.* Paris: Vrin, 1980a.
1798 – *Le conflit des facultés.* Paris: Vrin, 1973.

OBRAS DE J. G. FICHTE

1793 – *Considérations sur la Révolution française.* Paris: Payot, 1974.
1794 – Recension de l'Enésidème. In: *Rapport clair comme le jour... et autres textes.* Paris: Vrin, 1985.
1794 – *Conférences sur la destination du savant.* Paris: Vrin, 1980.
1794 – Principes fondamentaux de la Doctrine de la science. In: *Oeuvres choisies de philosophie première.* Paris: Vrin, 1980a.
1796 – *Fondements du droit naturel.* Paris: PUF, 1984.
1797 – Première et seconde introduction à la Doctrine de la science. In: *Oeuvres choisies de philosophie première.* Paris: Vrin, 1980b.
1798 – *Le système de l'éthique.* Paris: PUF, 1986.
1798 – *Doctrine de la science "nova methodo".* Lausanne: L'Age d'Homme, 1989.
1799 – *La destination de l'homme.* Paris: Montaigne, "10/18", 1965.
1804 – *Doctrine de la science.* Paris: Aubier, 1967.
1806 – Dialogues patriotiques. In: *Machiavel et autres écrits...* Paris: Payot, 1981.
1807 – Plan déductif d'un établissement d'enseignement supérieur à fonder à Berlin. In: FERRY, PERSON, RENAUT, *Philosophies de l'Université.* Paris: Payot, 1979.
1808 – *Discours à la nation allemande.* Paris: Aubier, 1981a.

OUTRAS OBRAS CITADAS

ALAIN. *Propos sur l'éducation.* Paris: PUF, 1948.
ARISTÓTELES. *Ethique à Nicomaque.* Paris: Vrin, 1979.
DESCARTES, R. *Méditations métaphysiques.* Paris: PUF, 1970.
ENGELS, F. *Ludwig Feuerbach et la fin de la philosophie classique allemande.* Paris: Editions Sociales, 1979.

GUÉROULT, M. *Etudes sur Fichte*. Paris: Aubier Montaigne, 1974.

LÉON, X. *Fichte et son temps*. t. I, II[1], II[2]. Paris: A. Colin, 1954, 1958 e 1959.

PESTALOZZI. *Comment Gertrude instruit ses enfants*. Albeuve: Castella, 1985.

PLATÃO. *Protagoras*. Paris: Garnier, 1960.

RENAULT, A. *Le système du droit*. Paris: PUF, 1986.

ROUSSEAU, J.-J. Discours sur l'órigine et les fondements de l'inégalité parmi les hommes. *Oeuvres complètes*, t. III, Pléiade. Paris: Gallimard, 1966.

ROUSSEAU, J.-J. Discours sur les sciences et les arts. *Oeuvres complètes*, t. III, Pléiade. Paris: Gallimard, 1966.

ROUSSEAU, J.-J. Lettres écrites de la montagne. *Oeuvres complètes*, t. III, Pléiade. Paris: Gallimard, 1966.

ROUSSEAU, J.-J. Emile ou de l'éducation. *Oeuvres complètes*, t. IV, Pléiade. Paris: Gallimard, 1969.

ROUSSEAU, J.-J. Lettre à Christophe de Beaumont. *Oeuvres complètes*, t. IV, Pléiade. Paris: Gallimard, 1969.

SOBRE O LIVRO

Coleção: Encyclopaideia
Formato: 14 x 21 cm
Mancha: 25 x 44 paicas
Tipologia: ITC New Baskerville 10.5/13
Papel: Pólen 80 g/m² (miolo)
Cartão Supremo 250 g/m² (capa)
1ª edição: 1994
1ª reimpressão: 2012

EQUIPE DE REALIZAÇÃO

Produção Gráfica
Sidnei Simonelli (Gerente)

Edição de Texto
Fábio Gonçalves (Assistente Editorial)
Maria Cristina Miranda Bekesas (Preparação de original e revisão)
Maria Eugênia de Bitencourt Régis (Revisão)
Casa de Ideias (Atualização Ortográfica)

Editoração Eletrônica
Casa de Ideias (Diagramação)

Projeto Visual
Lourdes Guacira da Silva

Impressão e acabamento